Printed Circuit Board

# PCB 신공법

김형록 저

홍릉과학출판사

# 머리말

IT 산업의 메카임 PCB 산업은 모든 전자부품에 꼭 필요한 부품으로 현대를 살아나가는 인류에게 없어서는 안되고 영원히 함께 발전해 나가야 할 것이다.

또한, 날이 갈수록 복잡해지고 다기능화 되어 가고 있는 전자기기 들의 요구 조건에 맞추어 PCB 역시 Fine 화, 복합기능화, 새로운 기능의 접목 등으로 첨단 기술이 적용, 응용화 되고 있으며 이에 부응할 새로운 공법들이 개발 되고, 이를 뒷받침하기 위해 소재가 개발되고, 새로운 기능의 첨단 장비들도 속속 연구 개발되고 있는 실정이다.

이에 본 서에서는 날로 발전하는 PCB의 신공법들에 대해서 다루어 보려고 하였고, 여기에 부수적으로 PCB품질에 대한 기술과 잘 소개가 안돼 있는 제조 기술을 실었다.

본 서가 PCB 분야에 종사하는 engineer 분들과 PCB 관련 업체분들에게 조금이나마 도움이 되었으면 하는 바램이다.

끝으로 이 책이 나오기까지 도움을 주신 출판사와 편집부 여러분께 감사를 드린다.

저자씀

# 차례

## Chapter 03 기타 PCB 제조기술

CHAPTER 1

# PCB 신 공법 관련

PCB 신 공법

## 1.1 $P^2EV$ (Photoresist & Polishing epoxy for Via) 공법

### 1.1.1. 개념

via hole을 Photolithographic 기술에 적용하여 형성하는 공법으로 Photosensitive resin을 이용한다.

### 1.2.2. Process

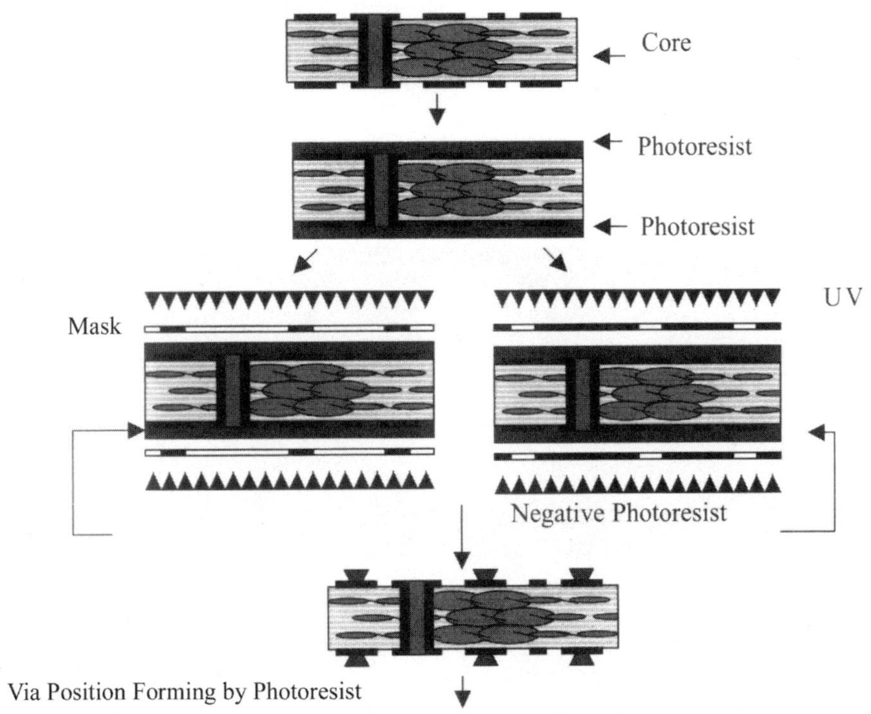

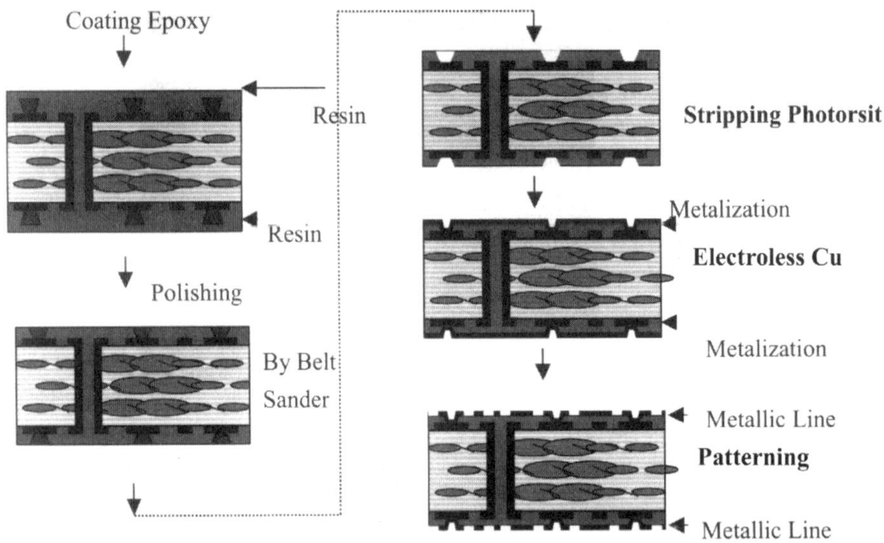


그림 1.1 P²EV Build up 공법 flow

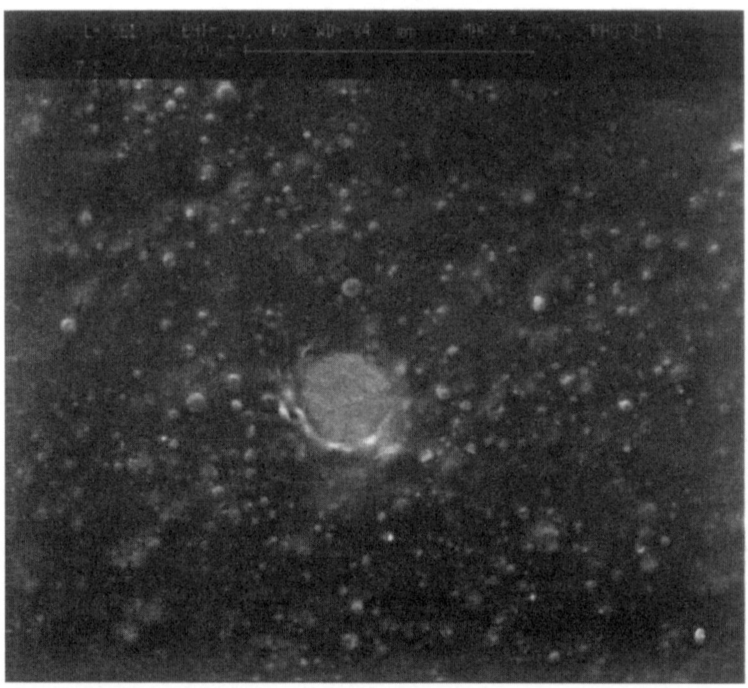

그림 1.2 P²EV 공법에 의해 형성된 Via hold ($\phi$0.075) 모습

## 1.2 Photo Via Process

### 1.2.1. 개념

1) Photo Via Process는 Surface Laminar Circuit (SLC) 라고도 한다.

2) 장점으로는

① 일반 Photoresist 및 Solder resist와 같은 장비 및 약품, 공정 처리로 처리된다.

② Cost가 저렴하다.

### 1.2.2. Process는 다음과 같다.

#### 1) PID(Photoimageable dielectric) Coating

black oxide 처리된 core board에 처리한다.

#### 2) Dry

100℃ 전후에서 처리하며 PID내 Solvent를 배출할 목적으로 처리한다.

#### 3) V.V exposure

PAG (Photo acid generator) 개시 반응을 일으키기 위함이다.

#### 4) Developing

Via 형성을 위해 처리한다.

#### 5) Thermal Bump

Semi – Cure 목적으로 처리한다.

#### 6) Post – Cure

완벽한 cure 목적으로 처리한다.

#### 7) Desmear

표면 조도 형성으로 도금 밀착력을 상승할 목적으로 처리한다.

#### 8) Electroless cu 및 Electrolytic cu 도금

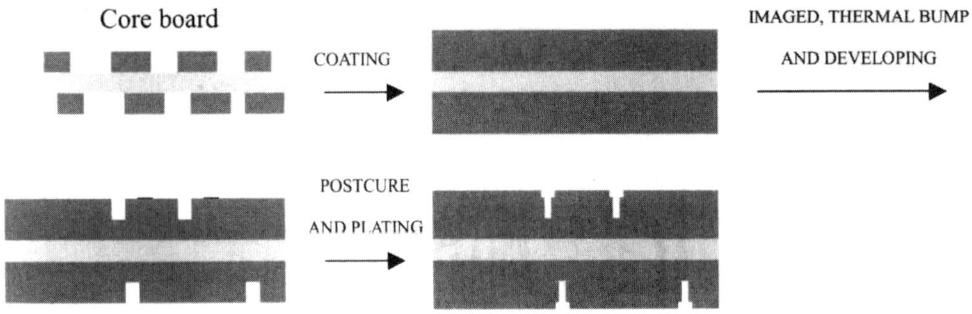


그림 1.3 Photo Via Process 의 개념도

### 1.2.3. 세부 Process 내용

1) Dry

① 처리 목적은 PID내의 Solvent를 배출하기 위함이다.
② 조건은 100℃, 15분 내외로 한다.

2) exposure

① 적당한 노광량이 적용되어야 하고, 적당한 노광량은 Via 형상 및 품질에 절대적인 관련이 있다.
② 저 노광 / 과 노광은 Via 형상에 문제를 야기한다.
③ 환경은 노광실은 공조 system을 갖추어 Particle 문제를 방지해야 한다.
④ 노광시 Vacuum 조건이 중요하다.

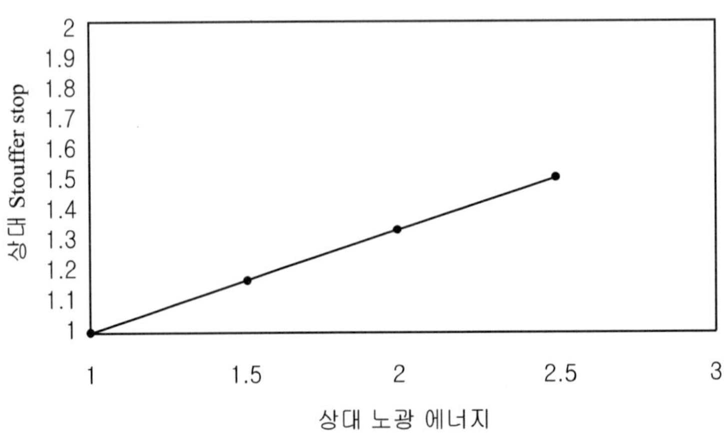


그림 1.4 상대 노광 energy & stouffer 관련도

앞의 (그림 1.4)은 상대 노광 energy가 높아짐에 따라 stouffer step이 올라감을 알 수 있다.

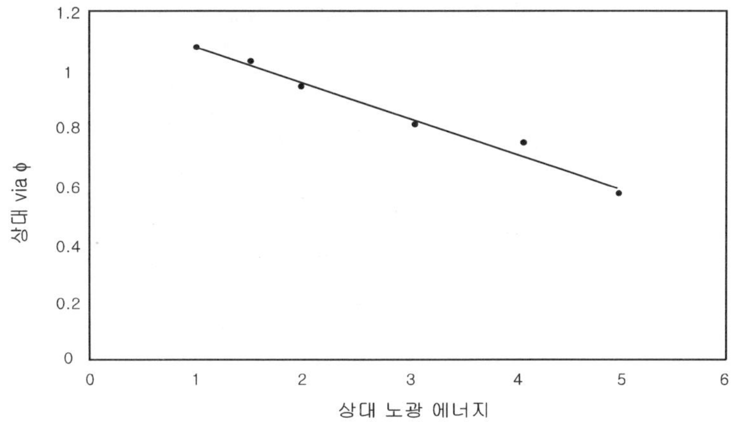


● 그림 1.5 노광 energy 와 Via$\phi$의 관계도

위 (그림 1.5)는 노광 energy가 높아지므로 과 노광이 되어 형성되는 Via$\phi$는 줄어듬을 나타내는 그래프로써 회로 형성 과정의 현상과 일치함을 알 수 있다.

### 3) thermal bump

① 온도, 시간이 적절히 적용되어야 적당한 stouffer step을 만족할 수 있다.

② 온도, 시간 조건에 따라 Via 형상, $\phi$ 및 stouffer step이 달라질 수 있다.

아래 (그림1.6) 및 (그림 1.7)는 이것을 설명하고 있다.

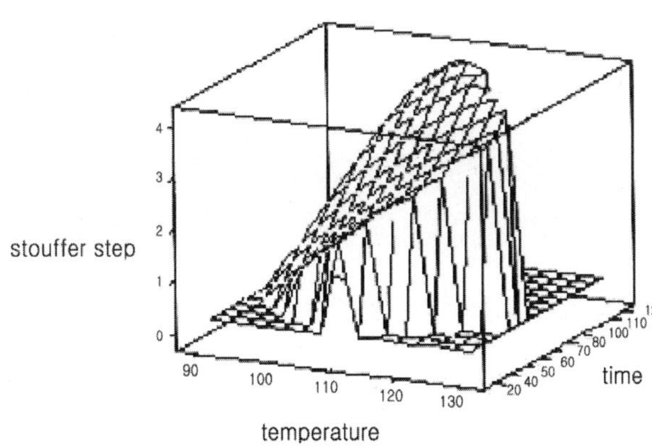


● 그림 1.6 Thermal Bump의 온도, 시간에 따른 Stouffer step 관계도

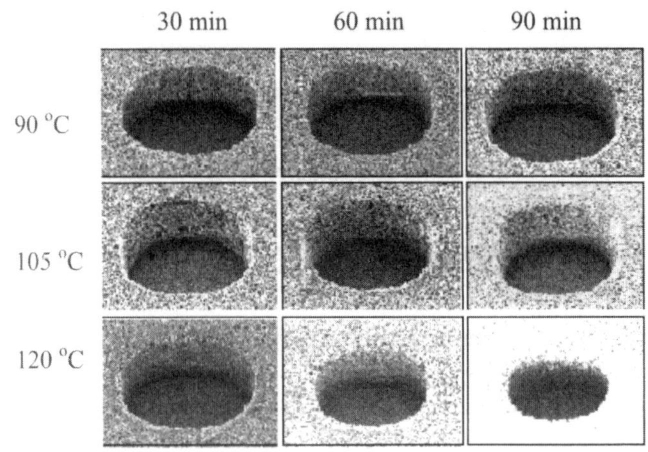


그림 1.7 Thermal bump 의 온도, 시간 변화에 따른 Via 형상 및 size 변화 사진

#### 4) Developing

① 현상액은 Gamma ButyroLacton(GBL) 이라는 Solvent 이다.

② 현상 조건은 적절히 설정, 관리되어야 한다.
즉, 현상 온도, Spray 노즐압력, 노즐 type 등이 적당해야 하고, 현상액의 수질 및 현상액 중의 D/F Resin 함량 등의 조절이 필요하다.

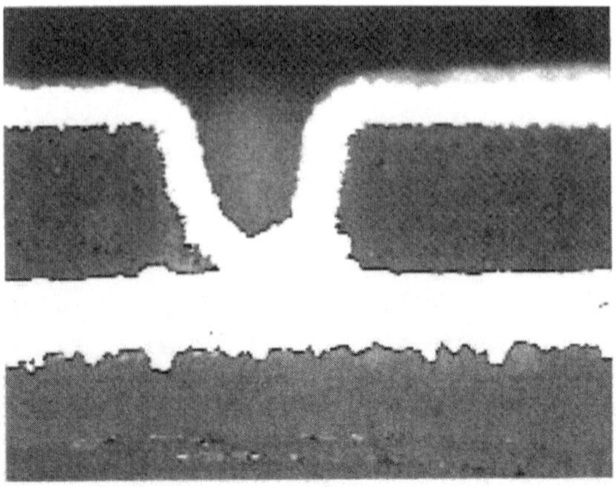

그림 1.8 현상액 Resin 잔류물의 Via 잔존으로 인한 Via hole 불량 사진

#### 5) Post Cure

① 완벽한 PID층의 Cure를 목적으로 한다.

② 따라서, 적절한 Cure가 필요하다.

### 6) Desmear

① PID 표면 및 Via의 잔존 resin residue의 cleaning 및 roughness 형성에 목적이 있다.
② 공정은 Sweller 후 Permanganate Desmear로 이루어진다.

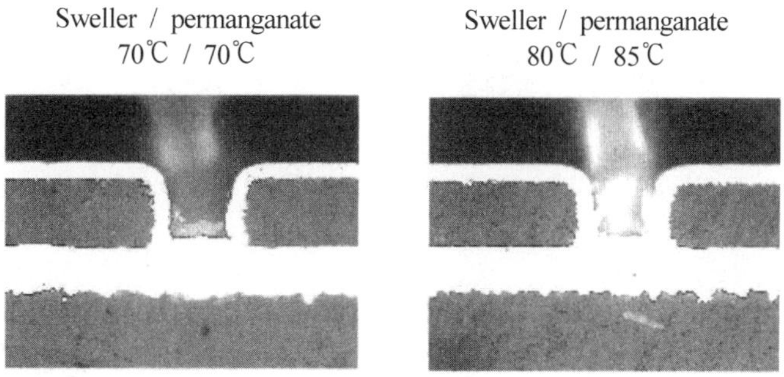


그림 1.9 다른 Desmear 조건의 Via형상 사진

### 7) Metalization

① 무전해 동도금 ; 1㎛정도의 Cu 도금을 실시한다.
② 전해 동도금 ; 일반 PCB 전해동도금과 동일 실시한다.

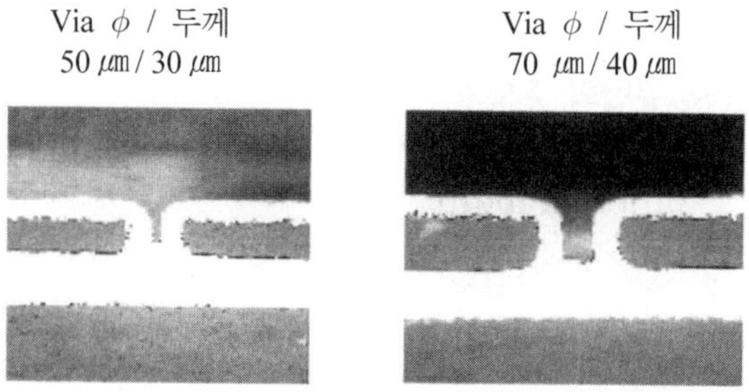


그림 1.10 다른 micro via size 도금 후의 X-section 사진

## 1.3 Fine Line 제조 공법

### 1.3.1. 개념

1) Subtrative 공법으로는 두꺼운 Bass Cu와 etching으로 fine line (50/50㎛ 이하)의

형성이 어렵다.

2) Negative type의 D/F을 이용한 Semiadditive 공법 적용으로 Fine Line 형성이 가능하다.

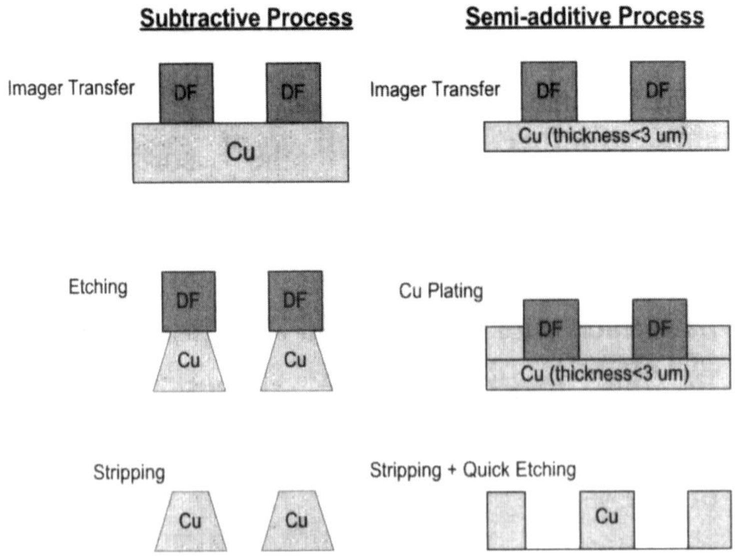


그림 1.11 Subtractive 공법과 Semi-additive 공법 비교

## 1.3.2. Semi-additive 공법의 중요 Factor

### 1) D/F

D/F의 특성(Type A, Type B)

도표 1 | D/F 특성

| 재료 | Type A | Type B |
|---|---|---|
| D/F 두께 | 25 um | 25 um |
| 노광량 | 23/41 step(180 mj/cm$^2$) | 19/41 step(280 mj/cm$^2$) |
| 최소현상시간 | 13 sec | 16 sec |
| 최소박리시간 | 40 sec | 39 sec |
| 해상력 | 18 um | 18 um |
| 밀착력 | 20 um | 20 um |

### 2) Surface roughness & D/F Lamination

① Bass Cu

PTH로 3㎛ 이하로 형성하고, micro etching 처리를 하지 않는다.

② PTH 처리 전에 Core에 desmear 처리를 하여 Re가 0.4~0.5㎛, Rz가 0.7~1.0㎛의 조도를 미리 형성시켜 놓아야 한다.

| 디스미어 후 | PTH 후 |
|---|---|
| 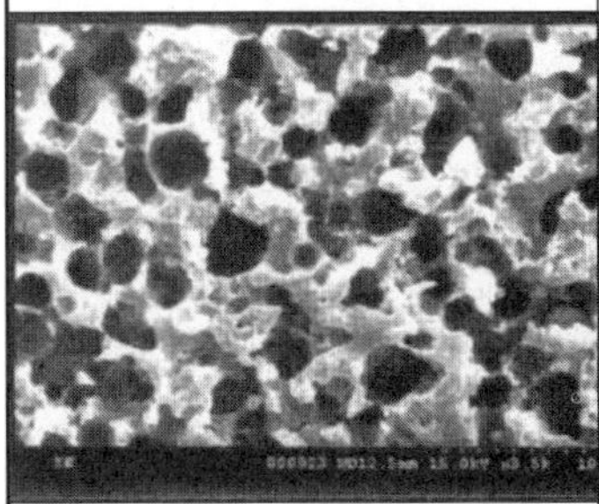 | 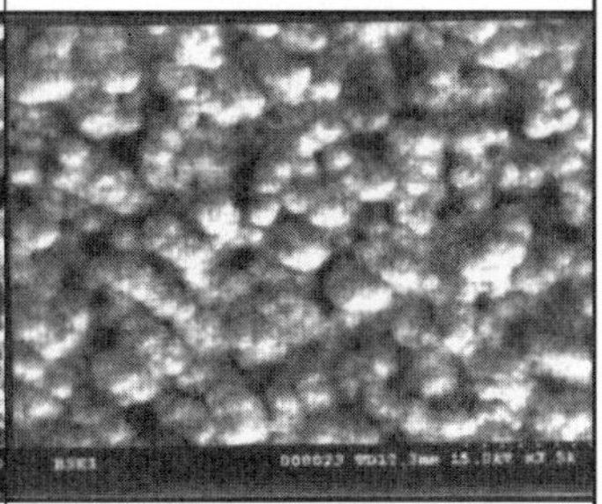 |
| | Ra = 0.546 um<br>Rz = 0.912 um |

● 그림 1.12 Desmear 및 P.T.H후의 Surface roughness 사진

③ D/F Lamination

- Lamination의 온도 및 속도는 D/F 밀착력에 크게 영향을 미치므로 최적의 조건 설정이 중요하다.
- D/F 자체의 흐름성이 좋아야 밀착성 및 추종성이 좋다.

| 라미네이션 온도(℃) | 라미네이션 속도(m/분) | | |
|---|---|---|---|
| | 1.5 | 2.0 | 2.5 |
| 110 | 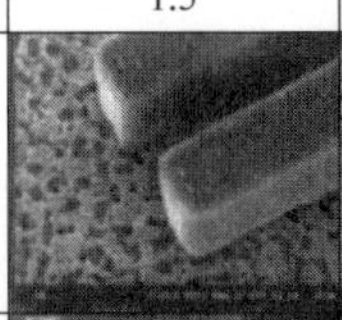 | 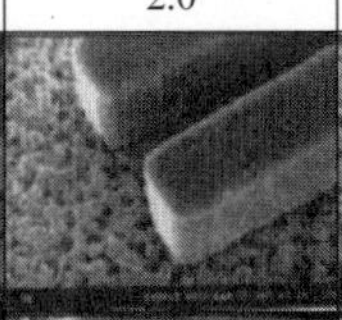 |  |
| 120 | 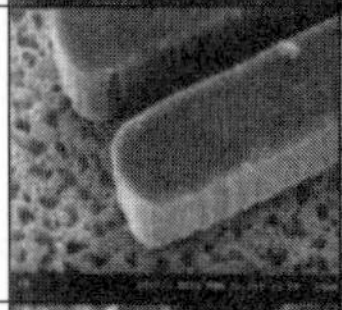 | 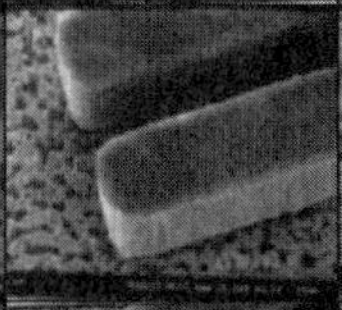 | 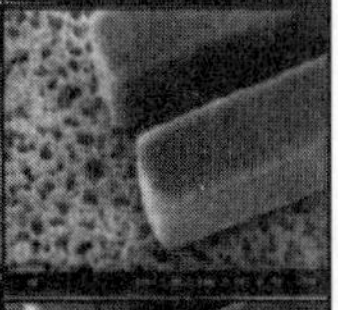 |
| 130 | 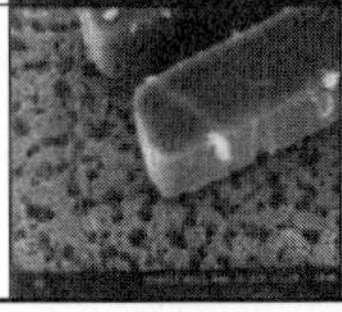 | 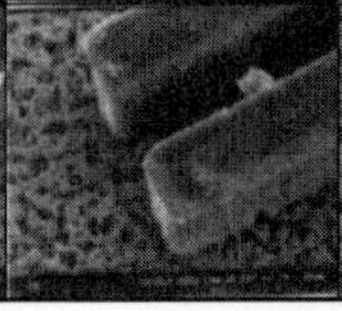 | 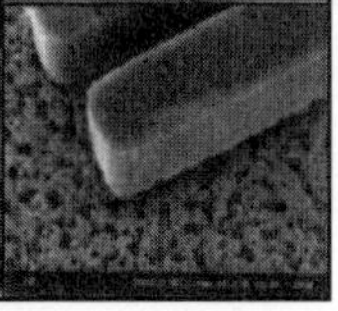 |

● 그림 1.13 여러 D/F Lamination 조건으로 현상까지 한 후의 D/F Side wall 모습

(그림 1.13)에서 보듯이 Lamination 온도, 속도 조건이 너무 약하거나 과할 경우 D/F가 깨지거나 거칠어지는 모습을 볼 수 있고, 가장 좋은 조건은 110℃의 온도에서 2.0m/분의 속도와 120℃에서 2.5m/분, 130℃에서 2.5m/분 등에서 나타남을 알 수 있다.

### 3) 노광

① 현상 후 Line 폭 변화

**도표 2 | 다른 노광량에 따른 현상 후 Line 폭 변화도**

| Dry Film Type | A | | B | |
|---|---|---|---|---|
| 노광단수 | 회로폭 | | 회로폭 | |
| 18 | 20.19 | 1.019 | **20.82** | **0.448** |
| 20 | 20.59 | 0.959 | **21.00** | **0.574** |
| 22 | 20.83 | 0.854 | 21.08 | 1.053 |
| 24 | **20.92** | **0.666** | 21.48 | 0.607 |
| 26 | **20.91** | **0.612** | 20.97 | 0.902 |
| 통계적 분석 | 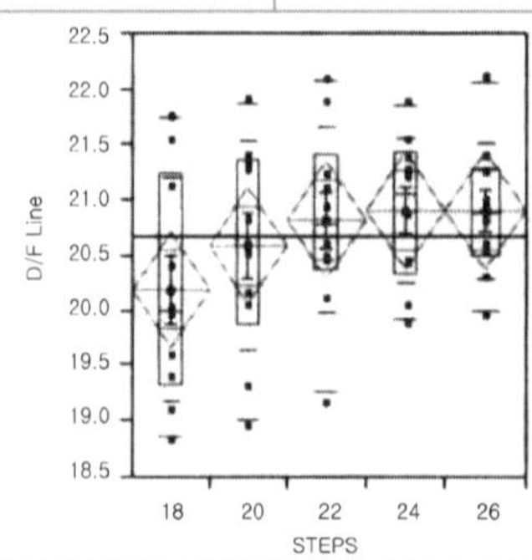  | | 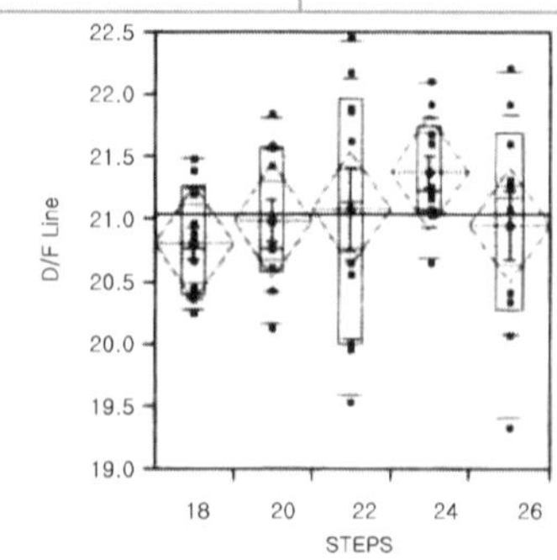  | |

* (작업필름 L/S = 20/20 ㎛)

위 (도표 2)에서 보면 Type A D/F에서는 step 24~26에서 Line 폭이 가장 잘 재현되었고, Type B D/F 은 Step 18~20에서 가장 좋은 결과를 보였다.

② etching 후 Line 폭 변화

**도표 3 | etching 후 Line 폭 및 간격 변화도**

| Dry Film Type | A | | | B | | |
|---|---|---|---|---|---|---|
| 노광단수 | 평균 | 표준 | 편차 | 평균 | 표준 | 편차 |
| Item | 32.10 | **2.80** | 0.58 | 31.74 | **2.32** | 0.68 |

다음 페이지에 계속>>>

도표 3 | etching 후 Line 폭 및 간격 변화도

| Dry Film Type | A | | | B | | |
|---|---|---|---|---|---|---|
| 밀집 회로 폭 | 30.79 | **2.17** | 0.58 | 31.29 | **2.20** | 0.65 |
| 간격 | 32.06 | **2.88** | 0.57 | 31.97 | **2.12** | 0.78 |

* 회로폭/간격 기준 :. 32±5 um (±15%)

* Define Cpk = {(최대-평균)/3, (평균-최소)/3}

USL : 최대

USL : 최소

* Sampling size : 5 units/panel; 2 panels/lot; 3 lots (total 30 points)

도표 4 | etching 후 Line 폭 및 간격 변화도

| Dry Film Type | A | | | B | | |
|---|---|---|---|---|---|---|
| 항목 | Lot to Lot | Panel to Panel | Unit to Unit | Lot to Lot | Panel to Panel | Unit to Unit |
| 밀집 회로폭 | **81.34%** | 0.04% | 18.62% | 44.22% | 0% | **55.78%** |
| 고립 회로폭 | **60.64%** | 0% | 39.36% | 13.54% | 0% | **86.46%** |
| 간격 | **70.10%** | 0% | 29.90% | 39.18% | 0% | **60.82%** |

위에서 알 수 있는 것은 Fine Line 형성에 있어 균일한 etching이 중요하다는 것과 A/W Film의 규격 정밀도 또한 중요하다는 것이다.

#### 4) 도금 오염도 Test

도금조에서 D/F resist가 용해된 resin의 축적이 오염원으로 작용하기 때문에 주기적인 Carbon Filtering이 필요하다.

### 1.3.3. Fine Line 달성을 위한 조건

#### 1) 공정상

① 최소 Bass Cu 두께의 적용이 중요하다.

② A/W Film은 최소 보정치 적용이 필요하다.

③ Surface roughness 관리가 중요하다.

④ 해상성 및 밀착성이 우수한 D/F을 적용해야 한다.

⑤ Impedance Control을 위한 최소 Line/space 편차 달성을 위한 공정 제어가 필요 하다.

### 2) 장비상

① 완전히 폐쇄된 System의 clean room화가 필요하다.
② 공장 자동화의 도입이 필요하다.

## 1.4 Laser Direct Drill 용 UTC을 이용한 HID PCB 제조 기술

### 1.4.1. 개요

1) HDI PCB는 micro Via의 증가된 요구로 Laser Drill 적용이 되어야 한다.
2) Laser 드릴의 75%는 $Co_2$ Laser가 사용된다.
3) Cu Foil의 두께가 3~5㎛으로 얇아지는 추세는 Laser로 Drill 되는 것의 요구가 필요하다.
4) $Co_2$ Laser로 Cu Foil, glass, resin을 동시에 가공하기는 어렵다. 이것은 저 흡수율, 10㎛ Laser 파장대는 Cu 표면에서의 높은 반사율에 의한다.

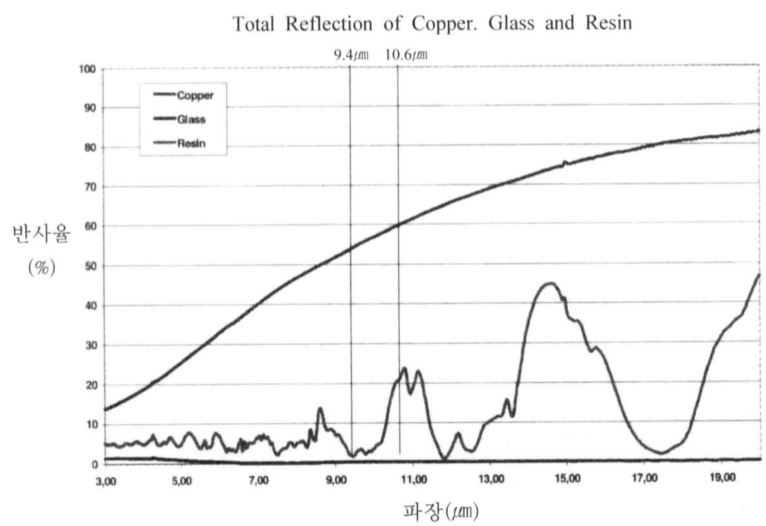


● 그림 1.14 Cu, resin, glass의 Laser 반사율

### 1.4.2. Laser Direct Drill을 위한 방법

#### 1) half-etching 방법

① U.V Laser로는 일반적인 12~18㎛ Cu Foil을 가공하기 어렵기 때문에 이 Cu Foil을

5~7㎛ 두께로 낮추기 위해 etching을 하는 방법을 말한다.

② Cu drill은 U.V Laser로 가공한 후 절연층을 $Co_2$ Laser로 drill 가공하여 micro Via hole을 가공하는 방식이다.

따라서, 이것은 다음과 같은 특징을 갖는다.

- etching Line(half etching)이 별도로 필요하다.
- 추가적인 Cost 및 시간이 필요하다.
- 큰 size의 기판의 균일한 etching에 어려움이 있다.
- Cu 두께 편차가 ±2㎛이어야 균일한 etching이 가능하다.

### 2) Conformask 방법

① Photochemical etching 기술을 이용하여 window를 opening 해야 한다.
이렇게, 절연층이 노출된 후에 $Co_2$ Laser를 이용 드릴 하는 방식이다.

② 다단계의 Photomechanical/etching 공정이 필요하다.

③ misregistration/opening 규격이 over 될 가능성이 있다.

④ 추가 비용과 시간이 소요된다.

### 3) Thin Foil + oxide 처리 방법

① Carrier 등의 지지물이 없는 3~5㎛ Cu thin foil을 사용한다.
이때, 취급의 어려움 및 적층시 주름이 발생할 가능성이 있다.

② 3㎛ + Peelable Cu Carrier (35~70㎛)을 사용하는 방식으로 이것은 $Co_2$ Laser 드릴이 가능하고, Cu 표면에 Oxide를 처리하므로 써 Laser energy의 흡수 특성을 극대화시켜서 가공한다.
$Co_2$ Laser 드릴 후 chemical 표면 처리가 추가된다.

## 1.4.3. LDD (Laser Direct Drilling)

● 그림 1.15 일반 5/35㎛의 LDD용 Cu Foil

● 그림 1.16 개략 5/35㎛의 LDD용 Cu Foil

위 (그림 1.15), (그림 1.16)는 LDD용 Cu Foil을 보여주고 있다.

### 1) 구조

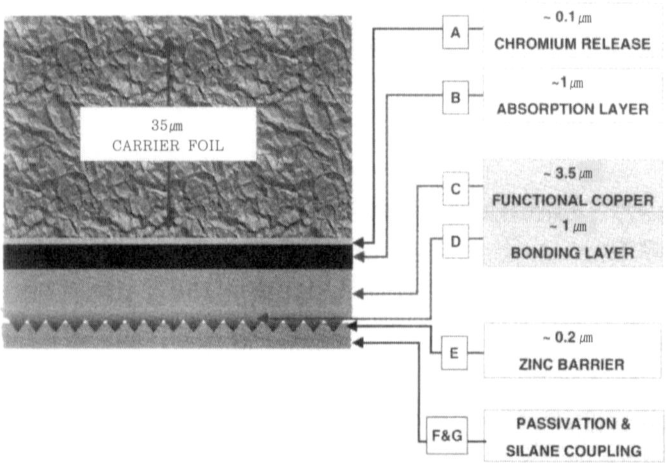


● 그림 1.17 LDD용 Cu Foil의 구조

① A (Release 층); Cr 층으로 적층 후 Carrier Foil로 부터 Cu층을 벗겨내기 위한 층이다.

② B (Energy-absorption 층); 최대 I·R Laser energy를 흡수 가능토록 처리된 Oxide 층이다.

③ C (Base Foil); 3.5 ~ 5㎛의 Base Cu 와 1㎛ 이내의 nodule 층 (Bonding 활성화)이다.

④ D (Bonding층)

⑤ E (Barrier층); Zn도금된 층으로 Thermal 처리시(Lamination시) 황동 층으로 변화되어 Cu와 절연층 사이의 Chemical 침투 방지층 및 장기간의 Bonding 력을 유지한다.

⑥ G (Silane Coupling 층); Laminate Bonding력을 증가한다.

⑦ F (Passivation 층); Cr없는 매우 얇은 유기 성분층으로 산화방지 및 화학적 및 전기 화학적 부식을 방지한다.

### 2) 두께/면적 무게

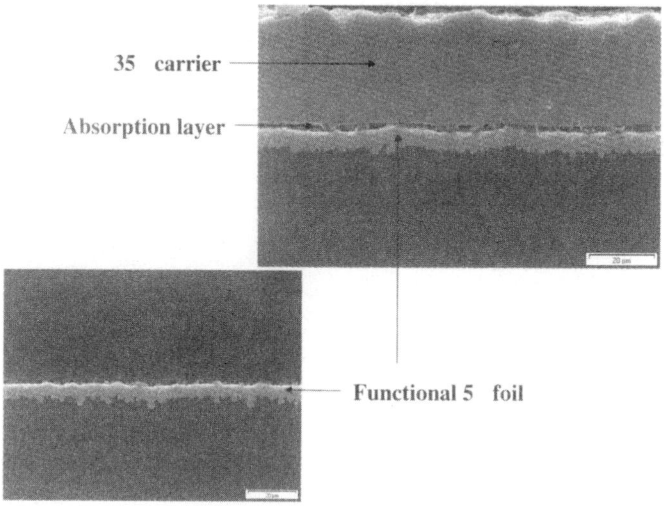


그림 1.18 5㎛ LDD (Carrer 유·무)의 사진

$\frac{1}{2}$oz 또는 $\frac{1}{3}$oz의 Cu Foil을 half-etching 한 Cu의 두께 균일성은 큰 편차를 띄지만 5 ㎛ LDD용 Cu Foil은 두께가 균일하다.

### 3) Laminate Bond Strength

도표 5 | Laminate Bond Strength 비교도

| Thickness | Profile | Roughness Rz | Bond on FR4 | Bond Microlam 410 | Reinforced to 3.5 µ |
|---|---|---|---|---|---|
| | | ㎛ | N/mm | N/mm | |
| 5/35 ㎛ | LP | 5.3 | ~1.6 | ~0.80 | YES |
| 3/35 ㎛ | LP4 | 4.4 | ~1.4 | ~0.72 | YES |
| 3/35 ㎛ | LP3 | 3.4 | ~1.2 | ~0.70 | YES |
| 18 ㎛ | LP4 | 4.2 | ~1.4 | ~0.72 | NO |
| 18 ㎛ | | 7.1 | ~1.6 | ~0.85 | NO |
| 35 ㎛ | | 8.3 | ~1.9 | ~0.93 | NO |

앞 (도표 5)에서 보면 LDD의 Bond Strength가 일반 Cu Foil과 비교시 크게 차이가 없이 양호함을 알 수 있다.

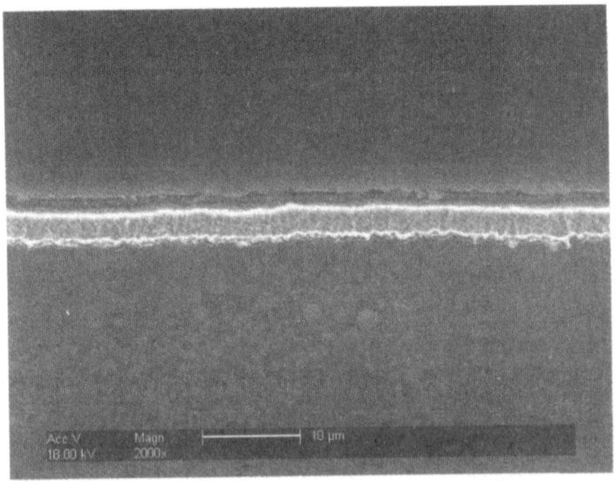


● 그림 1.19 LP3 Version 사진

● 그림 1.20 LP3의 Fine Pitch 처리 사진

#### 4) Low Carrier Bond

① release Bond는 0.1 1b/inch 정도로 매우 낮아야 한다.

② Lamination 시간과 온도에 무관하여야 한다.

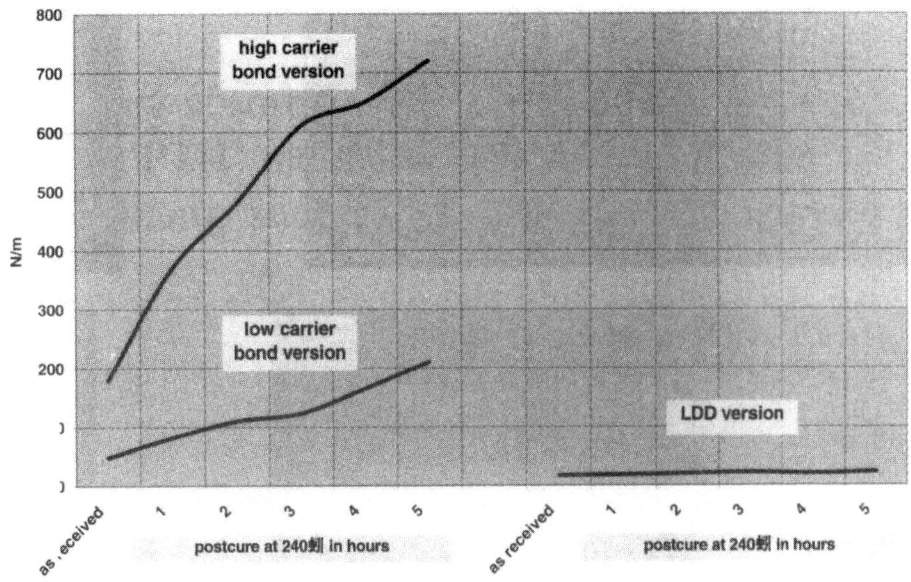


● 그림 1.21 Carrier Bond 변화도

(그림 1.21)에서 알 수 있듯이 LDD Version의 Carreier Bonding력이 매우 낮음 을 알 수 있다.

### 5) 총 roughness, Colour, glass (LDD층)

도표 6 | Surface roughness 비교표

| Roughness in μm | 5/35 μm LDD Foil | | Normal 5/35 μm Foil | |
|---|---|---|---|---|
| 1080 glass 위 측정 | 세로 | 가로 | Longitud. | Transvers. |
| Ra | 0.6 | 0.7 | 0.45 | 0.6 |
| Rz | 3.5 | 4.0 | 2.0 | 3.2 |

도표 7 | 표면 색상과 광택 비교표

| 측정값 | 항목 | 5.35 μm LDD Foil | Normal 5/35 μm Foil |
|---|---|---|---|
| Colour<br>acc. CIE-Lab<br>(DIN 6174) | L<br>a<br>b | 38 ± 3<br>1 ± 0.5<br>0 ± 1 | 85 ± 3<br>16 ± 1<br>14 ± 1 |
| Glass/ reflectance | at 20° | 0.2~0.5 % | 10~16 % |

위 (도표 6)에서는 5/35㎛의 LDD Foil이 일반 5/35㎛ Foil과 비교시 1080 glass로 적층시 Ra, Rz가 모두 높은 것을 알 수 있고, (도표 7)에서 보듯이 광택정도가 일반 Foil보다 현저히 낮음을 알 수 있고, Colour도 어두운 것을 알 수 있다.

### 6) energy 흡수 층의 특성

그림 1.22 LDD표면 (×1,000)

그림 1.23 LDD표면 (×5,000)

### 7) $Co_2$ Laser Beam과 Cu와의 상호작용

① Laser 드릴시 Pulsed Laser의 ablation 현상으로 온도가 상승되는데 그 결과 실린더 현상의 골을 홀 주위에 형성하면서 재료의 증발 및 폭발 등이 일어난다. Laser 드릴

시 홀 주위의 모습을 아래 (그림 1.24)에 나타내고 있다.

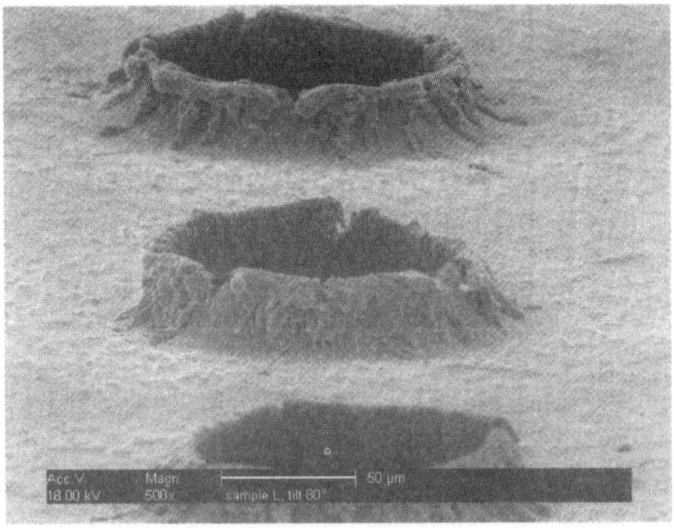


그림 1.24 $CO_2$ Laser로 가공된 LDD의 Cu 홀 주위의 분화구 형성 모습

② Cu의 표면의 차이는 Laser의 반사에 큰 차이를 발생시킨다.

도표 8 | Cu표면의 반사에 의한 hole size와 Lip의 여러 형상

| Description | Size | Lip | Energy | Refl. | Hole size & shape | Lip & crater |
|---|---|---|---|---|---|---|
| | µm | µm | mJ | % | | |
| 5/35 µm LDD | 100~110 | 2~3 | 14 | 64 | 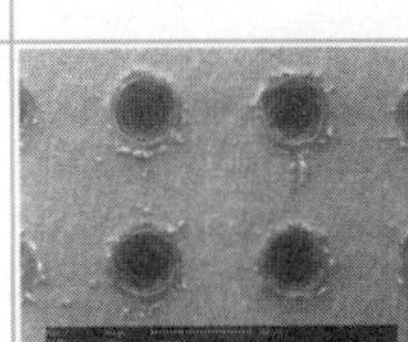 | 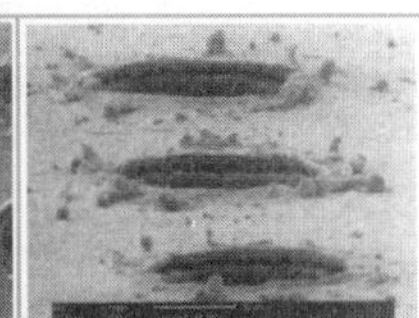 |
| 5/35 µm with oxide conversion | 100~110 | 4~5 | 20 | 81 | 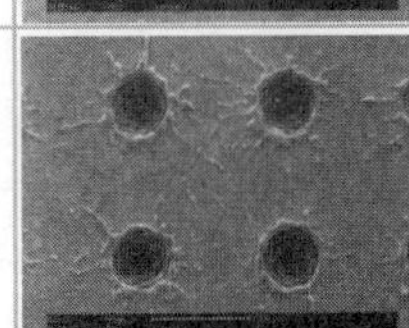 | 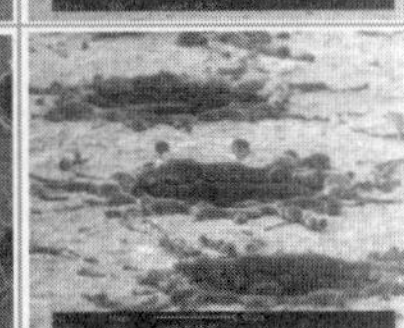 |
| 5/35 µm Shiny Cu | 70~80 | 10~15 | 37 | 86 | 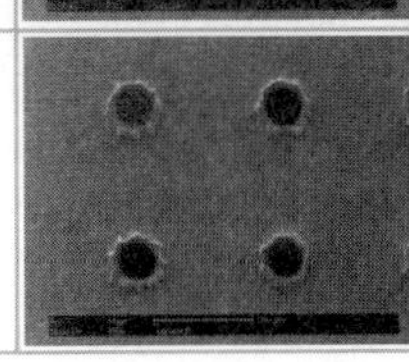 | 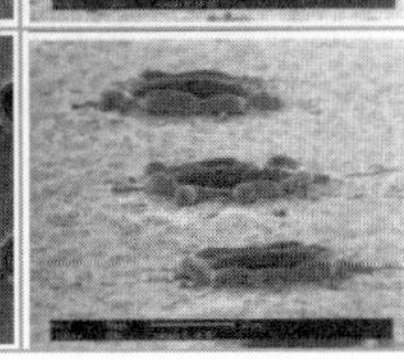 |

### 8) LDD층의 제거

Laser 드릴 가공 후 Micro etching으로 LDD층을 제거한다.

그림 1.25 LDD표면 (micro etching 전)

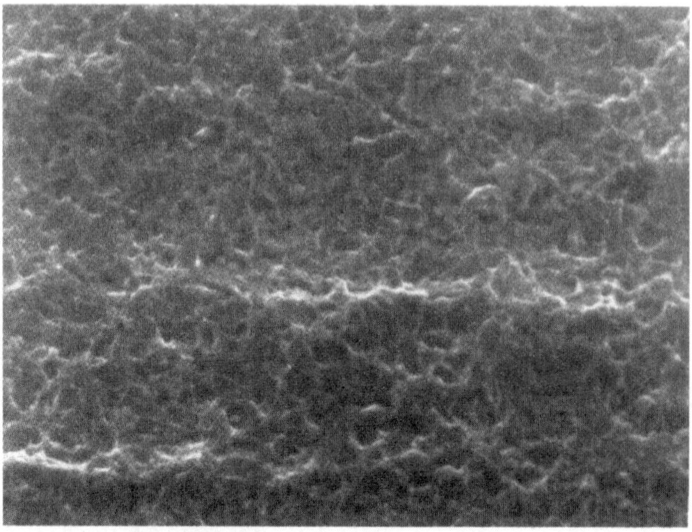

그림 1.26 LDD 표면 (micro etching 후)

### 1.4.4. 적용 예

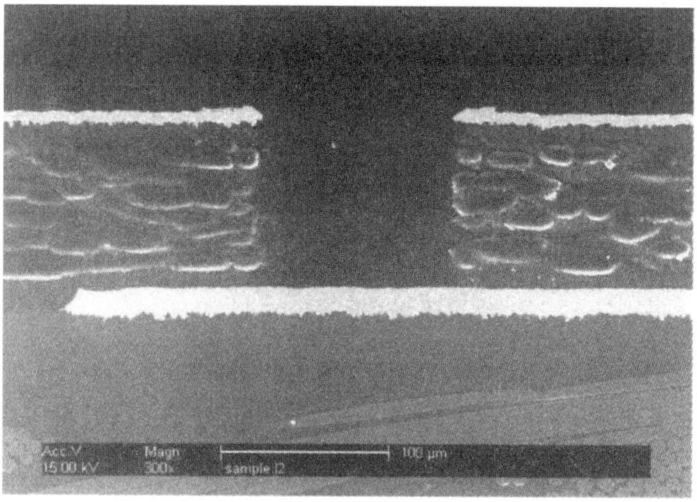


● 그림 1.27 LDD Cu foil 에 Laser 드릴 된 Micro Via 모습

● 그림 1.28 RCC에 Laser 드릴 된 Micro Via 모습

# 1.5 PWB 제조에 있어서 Image Transfer

## 1.5.1. Contact Printing 의 대체

현재 개발 완료된 것들 중에는 Laser Imaging(LDI), Laser Ablation, Projection Imaging, ink jet Patterning 등이 있고, 그 특징들을 아래 도표에서 설명하고 있다.

도표 9 | Contact Printing의 대체들

| 회로형성기술 | 보기 | 특징 |
|---|---|---|
| Laser Direct Imaging | UV Laser | 수평, 단면노광 : 표준 UV 감광 photoresist 또는 고생산성 고속 UV photoresist 사용 |
| | LDI 고체 UV Laser | 수직, 양면노광 : 자동 투입/반출 |
| | 가시광 Laser | 가시광영역에서 반응하는 특수 D/F 또는 LPR 사용 |
| | 열 Laser | Flexible 및 내층 회로형성용 외부 드럼형 : IR 감광, positive LPR사용 |
| Laser Ablation | Nd Yag type | 금속부식 resist의 Laser 가공회로 형성 |
| | Laser 가공 3중 UV Yag | 큰 보드의 작고, 고밀도의 영역에 선택된, 노출된 photoresist의 Laser 가공 회로형성. 저밀도 영역은 전통적인 방식으로 노광된다. |
| | 유기 기본재료의 Laser 가공 | Laser로 유기기본재료에 홈을 내고 표면에 진공 증착으로 Cu를 Coating한다. Cu로 도금된 표면과 홈들이 광택이 나거나 홈내에 회로를 형성하기 위해 차별 etching이 된다. |
| Projection Imaging | 단계적, 반복적 노광 System | 고감도 영상 렌즈 System : 대표적인 처리 Sige가 4×4 inch ~ 6×6inch 노광 영역이다. |
| | Laser projection Image | 1:1 영상, eximer Laser 광원(UV 351~353nm 영역) film과 papanel이 편면한 노광판 위에 정합된다. 커다란 film 영역이 커다란 가로지르는 laser beam으로 구불구불한 회로를 빈틈없이 읽혀질 수 있다. |
| | 미세 거울들 또는 디지털 광 행렬 스크린 같은 운동 mask projecting Image | · 운동 디지털 photomask, UV광, projection 영상 축소<br>· UV광, projection 영상축소, 디지털 광 행렬 스크린, 광원이 고정소재를 Scan함 |
| Ink jet | CAD 전송 ink jet | CAD 전송 ink jet은 S/M 위에 직접 회로를 그림 |
| Diffusion Patterning | 미리 Coating된 소재에 CAD 전송 ink jet 회로 형성. | resist 위 약품의 ink jet 분무에 의한 선택적 용해(또는 비용해). 디지털 영상 data라 ink jet으로 전사 |

### 1.5.2. Ink Jet 기술

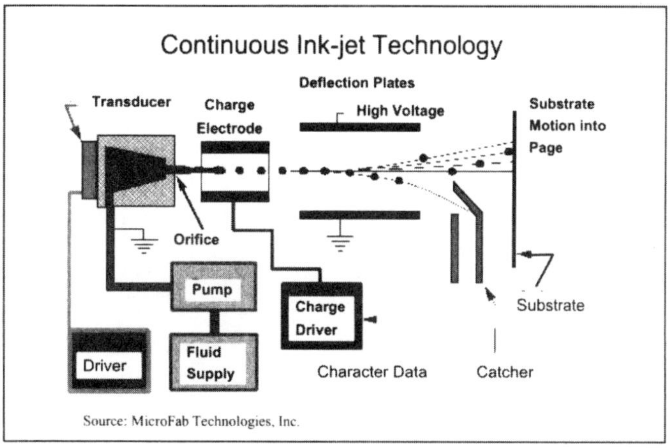


그림 1.29 연속적인 Ink jet 기술

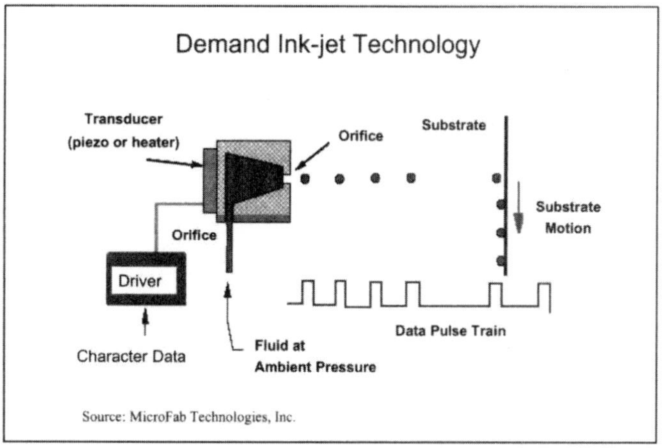


그림 1.30 Demand ink jet 기술

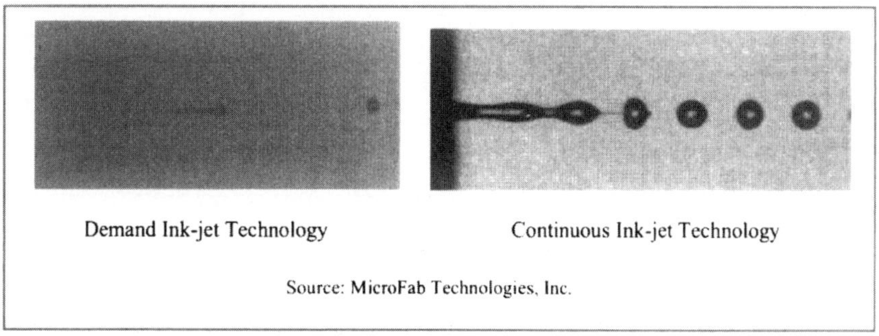


그림 1.31 Demand VS Continuous ink jet 비교도

(그림 1.29)에서 (그림 1.30)은 현재 개발되어 나와 있는 ink jet printer의 대표적인 두 가지를 보여주고 있다.

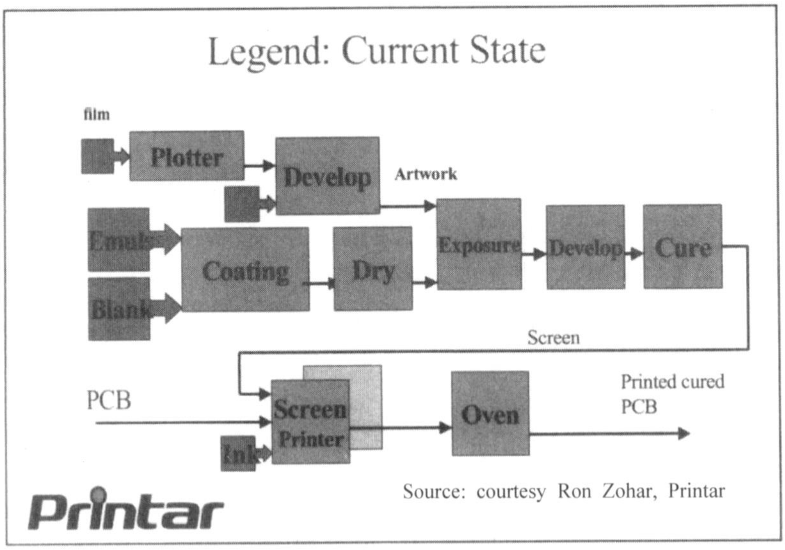


● 그림 1.32 Screen 인쇄 Process

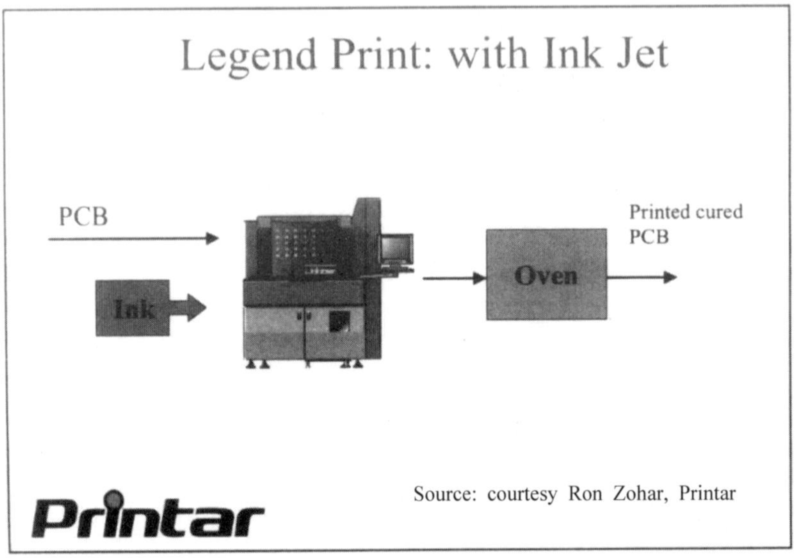


● 그림 1.33 Ink jet Process

(그림 1.32)와 (그림 1.33)은 전통적인 Screen 인쇄 Process와 ink jet Process를 비교 설명한 것으로 공정의 수 및 관리 항목 및 생산성 등에서 큰 차이를 알 수 있다.

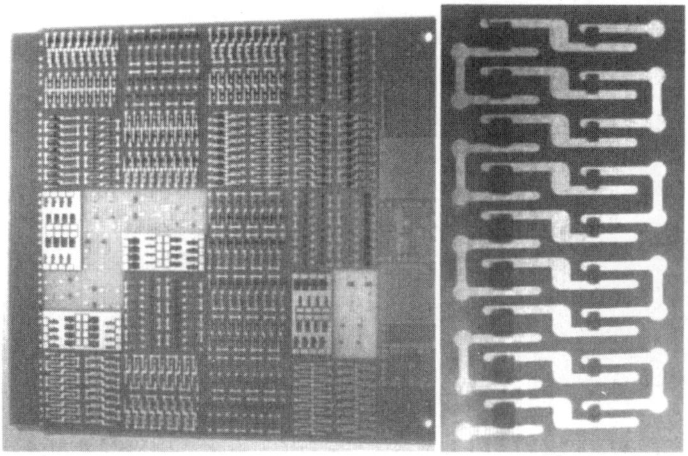

Source: MicroFab Technologies, Inc.

● 그림 1.34 Embedded Passive Components의 ink jet printing 모습

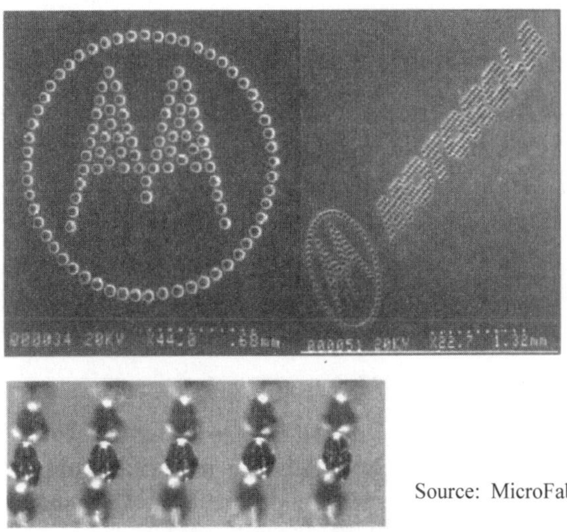

Source: MicroFab Technologies, Inc.

● 그림 1.35 Solder Bump arrays의 inkjetetting printing 모습

(그림 1.34)과 (그림 1.35)는 Ink jet print 기술을 이용하여 Embedded passive Componts를 인쇄한 것을 보여주고 있고, BGA의 Solder Bump arrays을 인쇄한 모습으로 상당히 정교하게 인쇄된 것을 볼 수 있다.

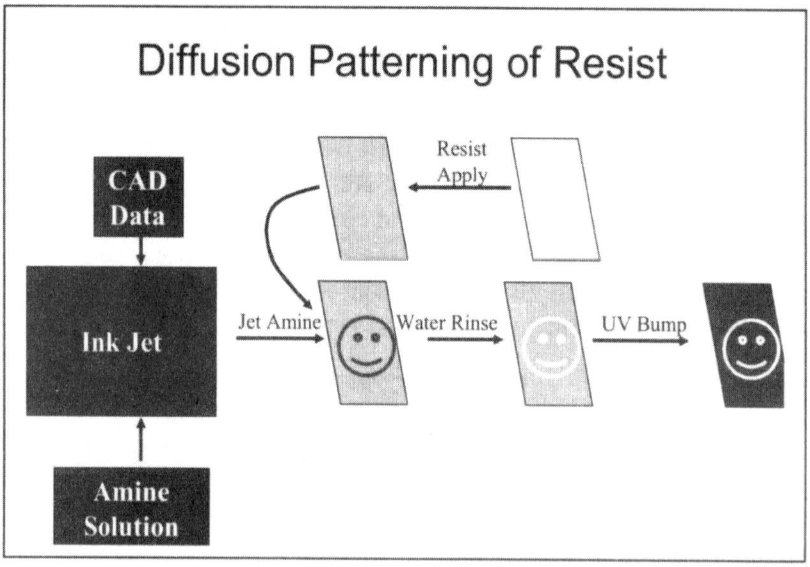


● 그림 1.36 Ink jet에 의한 Resist의 Diiffusion patterning flow

(그림 1.36)은 Ink jet과 Resist를 함께 적용하여 Pattern을 형성하는 과정을 나타내고 있다.

### 1.5.3. Embedded Passive Components

#### 1) Embedded Passive의 필요성

① mobile computing & Communication
- 기능 및 신뢰성을 위한 부품의 밀도가 증가하고 있다.
- 향상된 고주파와 고속 digital 완전성이 요구되고 있다.
- 부품의 무게, 규격이 감소되는 추세이다.

② chip 규격 등의 세련화
- Chip Scale Package(CSP)의 수, 칫수, 속도등이 증가하는 추세이다.
- Passives을 위한 보드의 중간 공간이 감소하고 있다.
- 증가된 더 높은 (2GHz이상) 속도가 필요하다.

③ 새로운 termination 표준
- 새로운 bus구조가 속도를 향상시킬 수 있고, 더 낮은 전압의 사용이 가능하다.
- Impedance Control이 필요하다.

④ OEM outsourcing
- cost를 절감해야 한다.
- 자격을 부여해야 한다.

### 2) Embedded Passives 로 사용되는 재료들

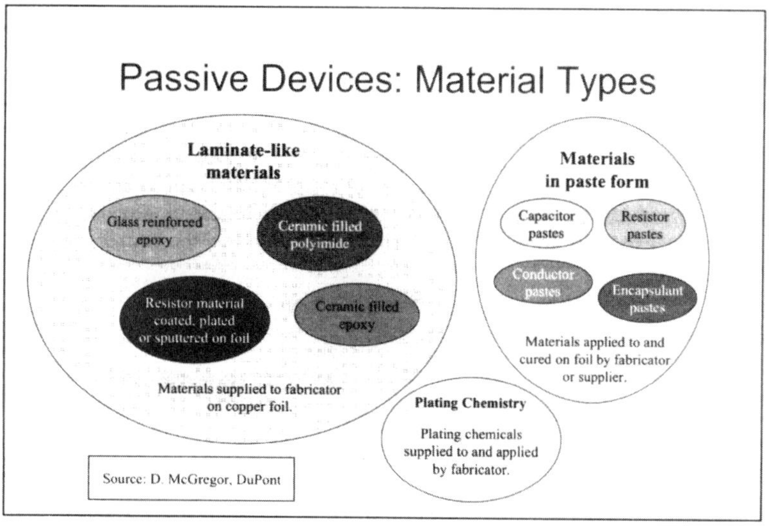


● 그림 1.37 Embedded Passives를 위한 재료 선택

(그림 1.37)에서 보면 Embedded Passives 들은 Laminate 재료, Plating 약품, Paste 형태 재료등으로 나누어져 나와있다.

### 3) Photo & Screen Printing 에 의한 Embedded passive 부품의 형성

① ohmega-ply process

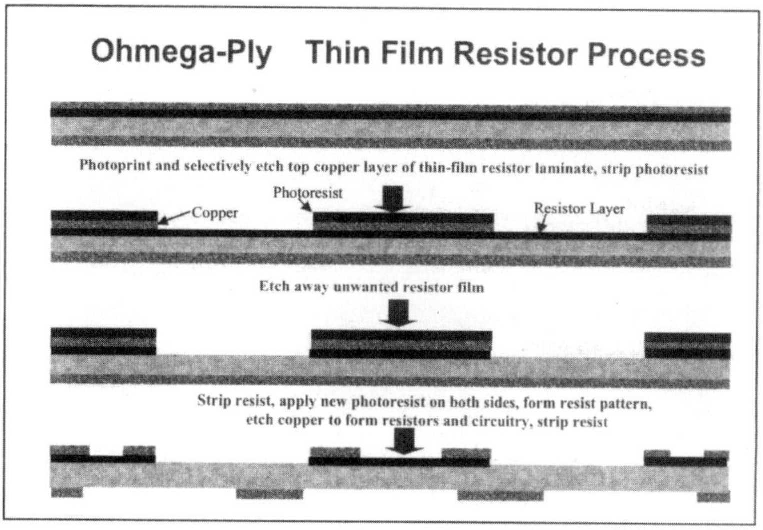


● 그림 1.38 ohmega-ply Thin film process

② Duped Platinum Thin Film Resistor Process

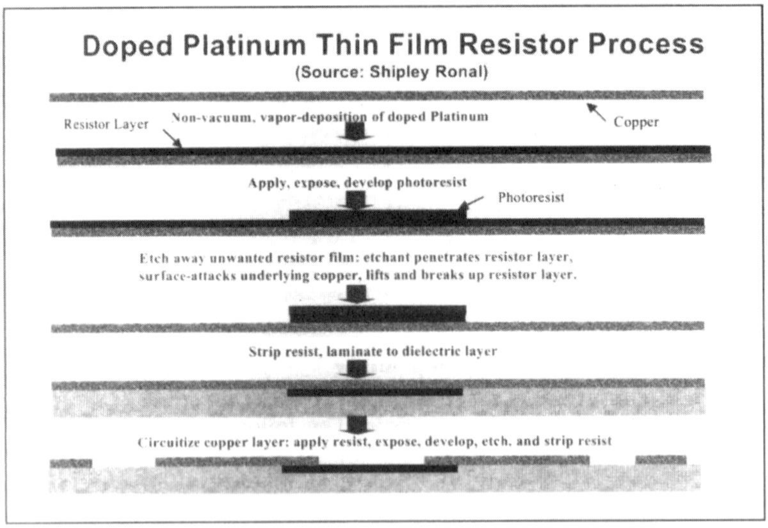


● 그림 1.39 Duped Platinum Thin Film Resistor Process

③ Dupont embedded Ceramic Resistor Technology

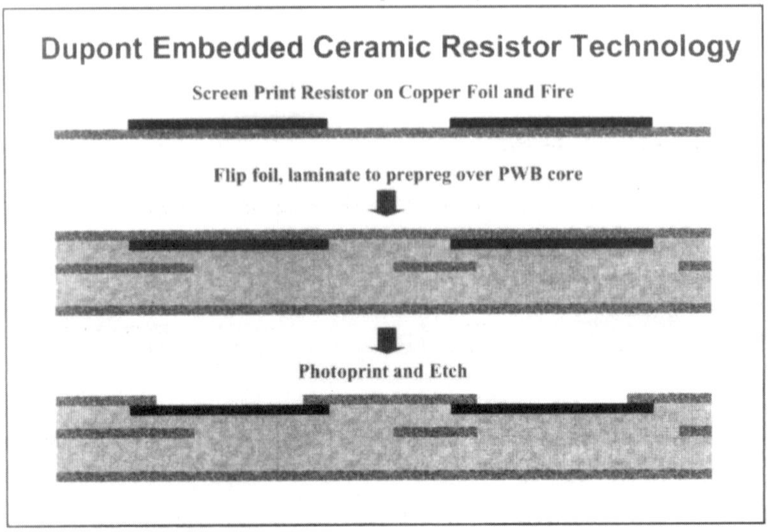


● 그림 1.40 screen printing of Ceramic Resistor

④ Embedded Ceramic Capacitor Technology

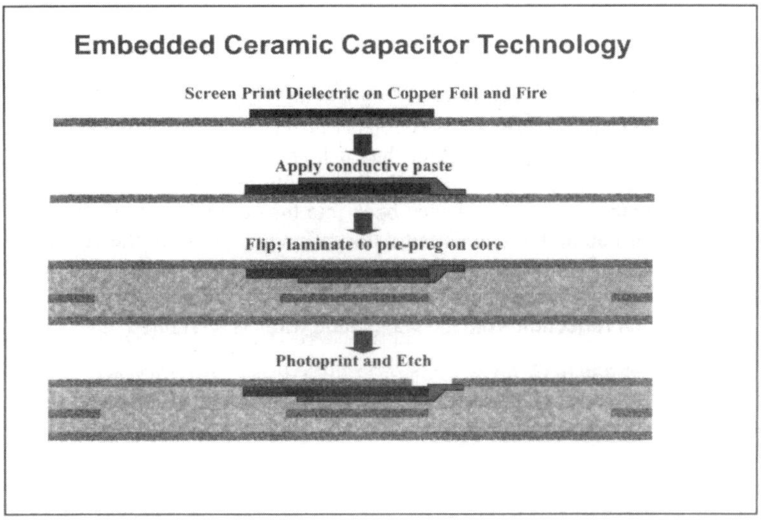


● 그림 1.41 Screen Printing Ceramic Capacitor Electrodes

⑤ Plated Resistor Process

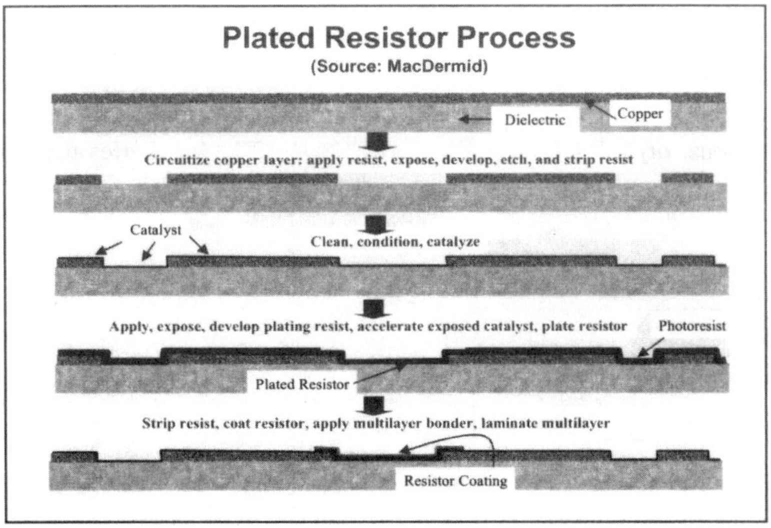


● 그림 1.42 Plated Resistor Process

## 4) Embedded Passive 재료의 개발 내역

도표 10 | Embedded Passive material의 일반 목록

| Mat'l ID | Passive Type | Organic/ Inorganic | Passive Material Composition | Material Thickness (micron) | Description of Material as Supplied to Fabricator | Description of Material in Finished PWB |
|---|---|---|---|---|---|---|
| A | Capacitor | O | Glass reinforced epoxy. | 25~50 | Laminate with copper on both sides of core. | Copper power and ground planes with glass/epoxy core. |
| B | Capacitor | O | Barium titanate filled polyimide. | 8~25 | Laminate with copper on both sides of core. | Copper power and ground planes with filled polyimide core. |
| C | Capacitor | O | Barium titanate filled epoxy. | 4~25 | Laminate with copper on both sides of core. | Copper power and ground planes with filled epoxy core. |
| D | Capacitor | O | Unfilled polyimide. | 12~25 | Laminate with copper on both sides of core. | Copper power and ground planes with unfilled polyimide core |
| E | Capacitor | I | Thin film silicon dioxide. | <2 | Laminate with copper on both sides of core. | Copper power and ground planes with thin film silicon dioxide core. |
| F1 | Capacitor | I | Sintered barium titanate ceramic. | 10~25 | Paste. Or, a laminate with the singulated capacitors fired on copper foil in pre-determined locations and laminated, capacitor side in, to single sided FR-4 laminate. | Ceramic dielectric with original copper foil as one elextrode of the singulated capacitors and either a silver or copper based fired second electrode. The capacitors are encapsulated by the FR-4 laminated to the original copper foil. Fabricator imaging, drilling and plating provide connection on the two electrodes of the capacitor. |
| F2 | Capacitor | I | Silver or copper conductor paste to form second electrode of F1 singulated capacitors. | 10~25 | Paste. Or, part of the laminate described in F1 | Functions as the second electrode for the singulated capacitors. |
| G1 | Capacitor | O | Barium tiatante filled polyimide. | 10~25 | Paste. Paste is applied to copper imaged by fabricator. The copper becomes one electrode. After curing, fabricator applies conductor paste, G2, and cures. | Barium titanate filled polyimade dielectric with laminate copper foil as one electrode of the singulated capacitors and either a silver or copper based cured second electrode. The singulated capacitors are encapsulated by prepreg during multilayer lamination. Fabricator imaging, drilling and plating provide connection to the two electrodes of the capacitor. |

다음 페이지에 계속>>>

도표 10 | Embedded Passive material의 일반 목록

| Mat'l ID | Passive Type | Organic/ Inorganic | Passive Material Composition | Material Thickness (micron) | Description of Material as Supplied to Fabricator | Description of Material in Finished PWB |
|---|---|---|---|---|---|---|
| G2 | Conductor | I | Silver or copper conductor paste to form second electrode of G1 singulated capacitors. | 10~25 | paste. | Functions as the second electrode for the singulated capacitors. |
| J | Resistor | I | Nickel/phos phorus. | Less than 1 micron. Thickness is adjusted to obtain desired sheet resistivity. | Thin film nickel/phosphorus deposited on copper foil. Copper foil is laminated, resistor side in, to single sides FR-4 or other laminate. | Nickel/phosphorus layer connects two copper conductors to create a path of high resistance. The nickel/phosphours remains under all copper that remains on the board and is removed form all areas of the board that have no copper except in the areas where resistor elements are desired. |
| K1 | Resistor | I | Lanthanum boride ceramic. | 10~15 | Paste. Or, a laminate with ceramic resitor elements fired on copper foil in pre-determined, resior side in, to single sided FR-4 core. | Resistor material is located between imaged copper conductors. Imaging is done by fabricator. |
| K2 | Resistor | O | Resistor encapsulant paste. Ceramic filled epoxy. | 10~15 | Paste applied after firing the resistor paste, K1 and then cured. This is done before laminating, resistor side in, to single side in, to single side FR-4 core. Encapsulant paste extends beyond resistor to include circuit terminations. | Resistor materials K1 and K1 are located between imaged copper terminations. Imaging of termination circuitry is done by fabricator. |
| K3 | Resistor | O | Resistor encapsulant paste. Ceramic filled epoxy. | 10~25 | Paste applied by fabricator following imaging of embedded resistor laminate. K1. | Protective encapsulant applied over resistor, K1 opposite encapsulant K2. Encapsulant K3 will be surrounded by cured prepreg after multilayer lamination |
| L | Resistor | O | Metal oxides in polymide | 20~25 | Paste. Paste applied to imaged circuit terminations and cured by fabricator. | Resistor material is located between imaged copper conductors and encapsulated by prepreg during multilayer lamination |

다음 페이지에 계속>>>

도표 10 | Embedded Passive material의 일반 목록

| Mat'l ID | Passive Type | Organic/ Inorganic | Passive Material Composition | Material Thickness (micron) | Description of Material as Supplied to Fabricator | Description of Material in Finished PWB |
|---|---|---|---|---|---|---|
| M | Resistor | I | Nickel/phosphorus. | 0.1 | Nickel/phosphorus plating chemistry. | Fabricator plates nickel/phosphorus between pre-imaged conductors to create resistor elements. |
| N | Resistor | I | Platinum alloy. | <0.2 | Thin film platinum alloy on copper foil, or laminated, alloy side in, to single sided core. | Platinum alloy layer connets two copper conductors to create a path of high resistance. The platinum alloy remains under all copper that remains on the borad and is removed form all areas of the board that have no copper except in the areas where resistor elements are desired. |
| O | Resistor | I | Nickel/chromium. | 0.01~0.03 | Thin film nickel/chromium on copper foil, or laminated, nickel/chromium side in, to single sided core. | Nickel/choromium layer connects two copper conductors to create a path of high resistance. The nickel/chromium remains on the board and is removed from all areas of the board that have no copper except in the areas where resistor elements are desired. |
| P | Resistor | I | Nickel/chromium/aluminum/ silicon. | 0.01~0.03 | Thin film Ni/Cr/Al/Si on copper foil, or laminated, Ni/Cr/Al/Si side in, to single sided core. | Ni/Cr/Al/Si layer connects two copper conductors to create a path of high resistance. The Ni/Cr/Al/Si remains under all copper that remains on the board and is removed from all areas of the board that have no copper except in the areas where resistor elements are desired. |

### 1.5.4. Optical Waveguides를 가진 PWBS

Optical PWB의 Waveguides 제조용 재료 및 공정은 다음과 같다.

#### 1) 재료

Organics, glass, silica, silicon 등이 사용된다.

① 본질적으로 흡수

② 낮은 광 Scattering 손실이 되어야 한다.

③ 낮은 Waveguides 제조 손실이 되어야 한다.

④ 열적 안정성이 높아야 한다.

⑤ 환경적으로 안정성이 있어야 한다.
⑥ 정밀한 굴절율 Control이 되어야 한다.
⑦ 기계적 강도가 높아야 한다.

| 무기결정 리튬 니오베이트 | 실리카&유리 | 열광학 고분자 | 전자광학 고분자 | 반도체 |
|---|---|---|---|---|
| 10GHz 이상의 고속변조에 탁월 | 매우 낮은 손실 | 실리카보다 높은 손실 | 높은 손실 | 능동소자의 집적에 최고: Laser, 탐지기. |
| 편광, 집적한계 | 기능 비효율 | 광학 스위치에 효율적 | 40GHz 이상의 고속변조에 유리 | fiber 연결문제 |
| | 다중화기 같은 수동부품에 탁월 | | 편광한계 | |

● 그림 1.43 Waveguides 구조에 사용되는 대표적인 재료들의 장-단점

## 2) 공정

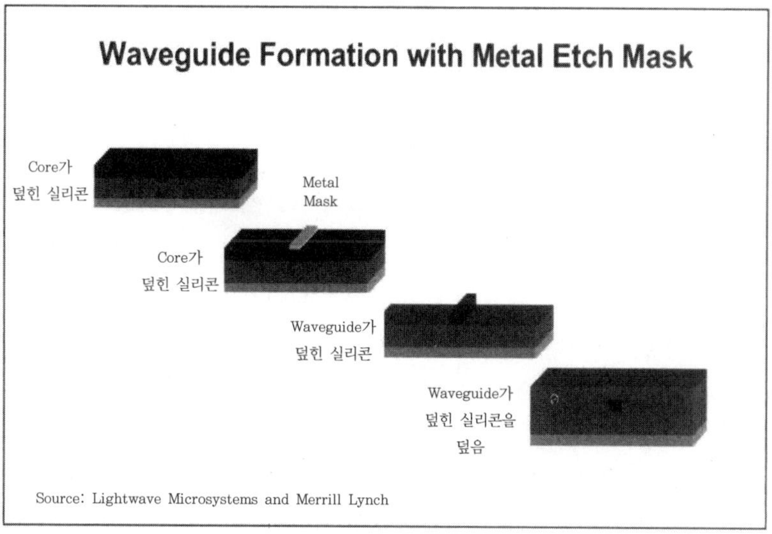


● 그림 1.44 meral etch mask 에 의한 Waveguide 형성과정

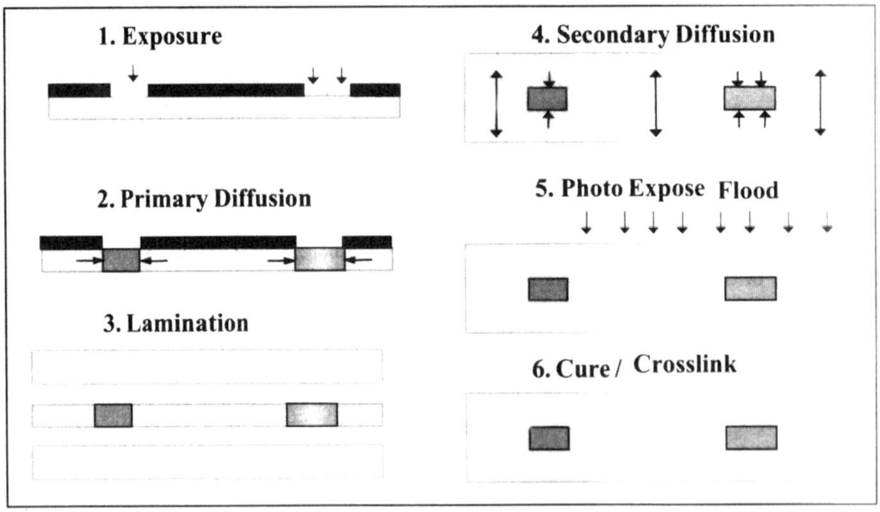


● 그림 1.45 Dry Process Photolithography fore Waveguide 형성과정

## 1.6 High Density Flex Ciruit 용 micro Via 형성 기술

### 1.6.1 기술 개발 배경

1) Single side flex circuit에서 Line/space의 협소화에 따른 Reel-to-Reel System 에 의한 100㎛ Pitch이하의 high density circuit 생산이 필요하게 되었다.
   이에 Double side 및 Multilayer Rigid-flex circuit의 high density circuit를 위한 micro Via 가공이 필요하게 되었다.
2) Micro Via 가공에 있어서 Mechanical Nc drill의 한계로 새로운 Drill 기술이 등장하였다. 즉, Laser, Chemical etching등이 thin film 재료에 사용되기 시작하였는데 Via hole 구조를 유지, 보완할 수 있는 제조 process의 기술이 동시에 필요하였다.
3) D/S flexible 기판은 Through hole과 Blind Via hole 을 동시에 갖추고 있다.
4) Multi layer의 Through hole, Blind Via 구조는 RCC 또는 Photo Via를 통해 제조가 가능하다.

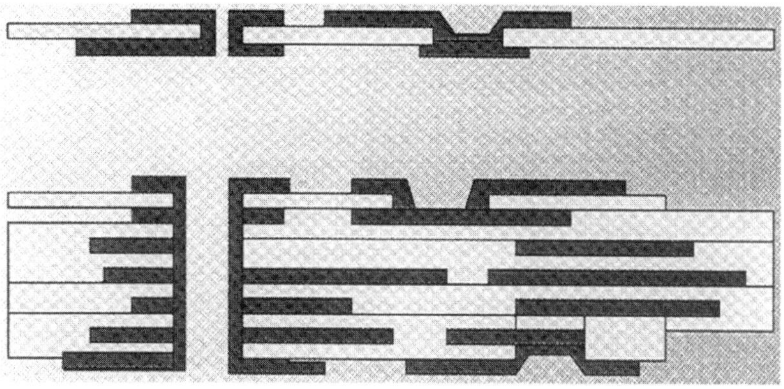

그림 1.46 Micro Via와 Blind Via를 갖춘 D/S flexible 및 Multilayer 구조

## 1.6.2. Micro Via 의 형성

### 1) Flexible 기판의 Micro Via 형성

Thin Substrate에 hole을 형성하고 Small hole에 Cu 도금을 실시한다.

hole 가공은 Mechanical Drill, Punching, Laser Drill, Plasma etching, chemical cleaning, photopolymer 공법등이 적용된다.

도표 11 | 50 ㎛의 절연층에 홀 가공을 위한 공법 비교

| | Drilling | Punching | Laser Drilling | Plasma Etching | Chemical Etching | Photo Polymer Process |
|---|---|---|---|---|---|---|
| 홀 $\phi$(㎛) | 75 ~ | 75 ~ | 10 ~ | 70 ~ | 70 ~ | 70 ~ |
| 양면기판 T.H 가공 | 적합 | 적합 | 적합 | 적합 | 적합 | 적합 |
| 다층기판 T.H 가공 | 적합 | 부적합 | 가능 | 부적합 | 부적합 | 부적합 |
| 가공 | 부적합 | 부적합 | 적합 | 적합 | 적합 | 적합 |
| 재료선택 기술적 | 광범위 | 광범위 | 광범위 | 선택적 | 협소 | 협소 |
| 기술적 유연성 | 작다 | 작다 | 높다 | 선택적 | 작다 | 작다 |
| 약품소모 | 없다 | 없다 | 조금 | 조금 | 극심한 | 불편 |
| RTR 적용성 | 불가능 | 가능 | 가능 | 어려움 | 가능 | 가능 |

2) 최근 NC Drilling으로 $\phi$ 0.1이하도 드릴 가능한 drill M/C이 개발되었다. 이것은 hole$\phi$가 작아짐에 따라서 속도는 떨어져 생산성은 낮다.

### 3) NC Punchung system

NC Drilling 과 유사하나 Multi punching die system으로 생산성을 높일 수 있다. full auto NC punching M/C은 Reel-to-Reel 제조 system에서 양면 flexible PCB의 Through hole 가공에 적합하다.

### 4) Laser system

① Eximer Laser

- 모든 유기재료의 Small hole 가공에 적합하다. 보통 25㎛ PI film 을 φ 10㎛ 홀까지 가공이 가능하다.
- speed가 늦은 단점이 있다.
- Cu foil 을 관통할 수 있다.

② U.V Yag Laser

- 50㎛ 이하의 Small hole 드릴이 가능하다.
- flexible의 Cu와 PI를 동시에 관통시킬 수 있다.
- 큰 홀에 대한 가공 시간이 오래 걸리는 단점이 있다.

③ Carbon dioxide Laser

- φ 70㎛ 이상의 Via hole 가공시 eximer, Yag, U.V보다 생산성이 높다.
- Cu foil의 관통은 안된다.
- 사전에 Drill mask film을 이용 Cu를 etching 해야 한다.

도표 12 | Laser 드릴 비교표

| | Excimer | UV-YAG | Carbon Dioxide |
|---|---|---|---|
| 홀 φ(㎛) | 10~100 | 25~100 | 70~250 |
| Cu가공 | 가능 | 가능 | 불가능 |
| 수지가공 | Slow | Slow | Fast |
| FR-4가공 | Very Slow | Slow | Fair |
| 홀 매끈함 | Very Good | Good | Slope |
| 공정단가 | High | High | Low |

④ Plasma/chemical etching

flexible PCB의 Micro Via hole 가공이 가능하다.

- 50㎛ 두께의 PI 재료를 φ100㎛이하의 Small hole 까지도 가공할 수 있다.

- plasma는 모든 종류의 유기재료 etching 가공이 가능하다.
- alkaline etching은 특정 PI, 즉 Lapton 또는 apical 재료만 가공 가능하고, 높은 칫수 안정성을 갖는 Upilex-type PI film을 처리할 특수 Chemical 의 개발이 필요하다.
- 장점은 대량 생산시에 Cost 절감 효과가 있다.
- 단점은 높은 생산성과 동시에 Via hole을 신뢰성 확보를 위한 적당한 조건을 확립하는데 많은 시간이 소요된다는 것이다.

도표 13 | 재료 가공적인 측면 비교표

| 재료 \ 가공방법 | punching 및 Drilling | Excimer Laser | UV-Yag Laser | Carbon Diaide Laser | Carbon etching | Chemical etching |
|---|---|---|---|---|---|---|
| Cu | 가공 | 속도느림 | 속도느림 | 가공안됨 | 가공안됨 | 가공 |
| epoxy | 가공 | 가공 | 가공 | 가공 | 가공 | 가공이 어려움 |
| FR-4 | 가공 | 속도느림 | 속도느림 | 가공 | 가공안됨 | 가공안됨 |
| Kapton/Api-Cal | 가공 | 가공 | 가공 | 가공 | 가공 | 가공 |
| upilex | 가공 | 가공 | 가공 | 가공 | 가공 | 가공이 어려움 |
| espanex | 가공 | 가공 | 가공 | 가공 | 가공 | 가공이 어려움 |
| Neoflex | 가공 | 가공 | 가공 | 가공 | 가공 | 가공이 어려움 |

⑤ Photopolymer Process

MLB의 Additive 공정과 유사하다.

- Multi flexible, rigid-flexible에 주로 사용된다.
- D/S flexible에는 부적절하다.

### 1.6.3. Micro Via 제조 공정

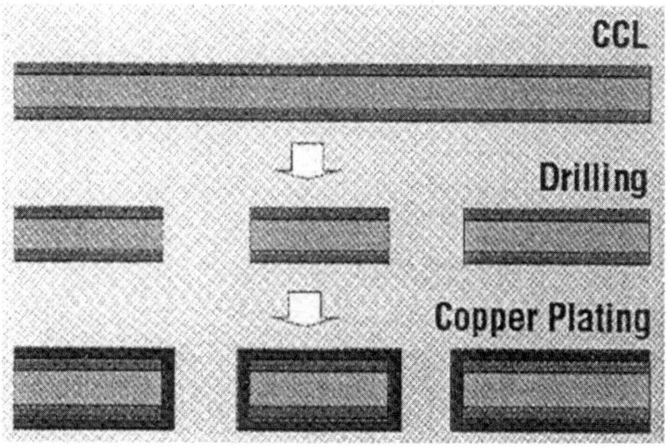

● 그림 1.47 Punching & Drilling에 의한 flexible Through hole process

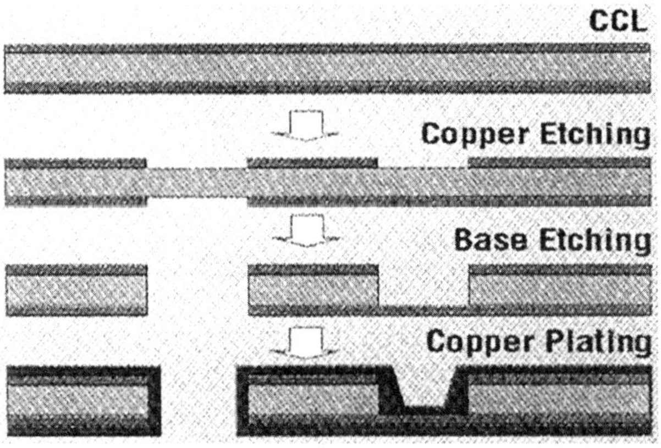


● 그림 1.48 Plasma etching & chemical etching에 의한 Through hole 및 Blind Via hole process

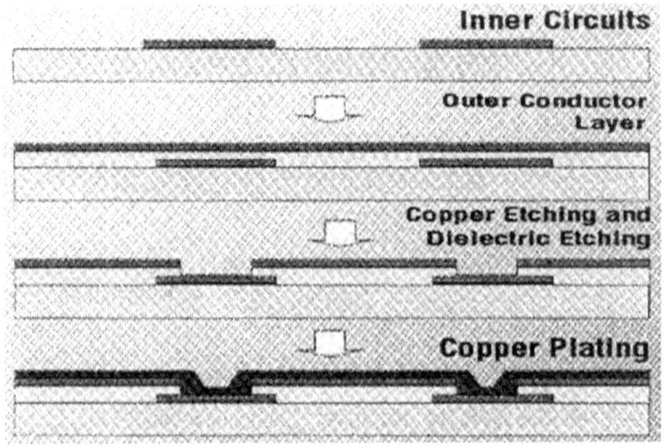


● 그림 1.49 Multi layer 의 Blind Via hole Process (RCC적층)

위 (그림 1.47)는 flexible의 Through hole 공정으로 Rigid와 크게 다른점이 없고, (그림 1.48)는 plasma 및 chemical etching에 의해 T.H과 BVH를 형성하는 공정을 나타내었고, (그림 1.49) Build up 공법으로 RCC를 적층하여 Blind Via를 형성하는 공정을 보여주고 있다.

### 1.6.4. 요약

1) Via hole 가공 능력/품질

도표 14 | double side flexible의 Micro Via hole 기술의 기술적 능력 비교표

| | Excimer | UV-YAG | Carbon Dioxide | Plasma Etching | Chemical Etching |
|---|---|---|---|---|---|
| 홀 $\phi$(㎛)<br>small<br>Large | 20 ~<br>25 ~ 150 | 25 ~<br>25 ~ 75 | 50 ~<br>75 ~ 250 | 70 ~<br>100 ~ | 50 ~<br>75 ~ |
| 홈 품질 | 월등 | 양호 | 불량 | 불량 | 불량 |
| 추가세정 | 필요 | 필요 | 필요 | 불필요 | 불필요 |
| 기술적장애 | 낮음 | 낮음 | 낮음 | 높음 | 높음 |
| 단가 | 높음 | 높음 | 높음 | 낮음 | 낮음 |

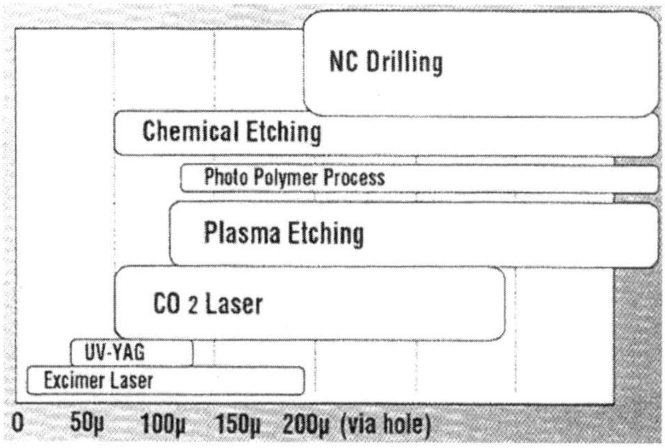


그림 1.50 micro via hole 형성 능력 비교표

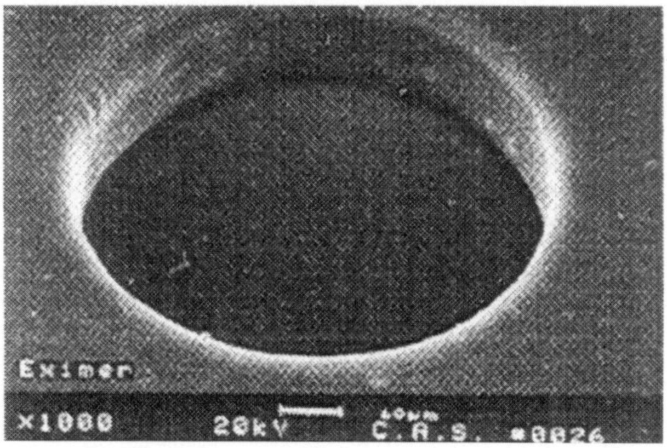


그림 1.51 $\phi$80㎛ 홀의 eximer Laser 가공상태

● 그림 1.52 $\phi$80㎛ 홀의 UV/Yag Laser 가공된 Micro through hole 의 도금 후 모습

● 그림 1.53 $\phi$60㎛ 홀의 UV/Tag Laser 가공된 Micro blind via hole의 도금 후 모습

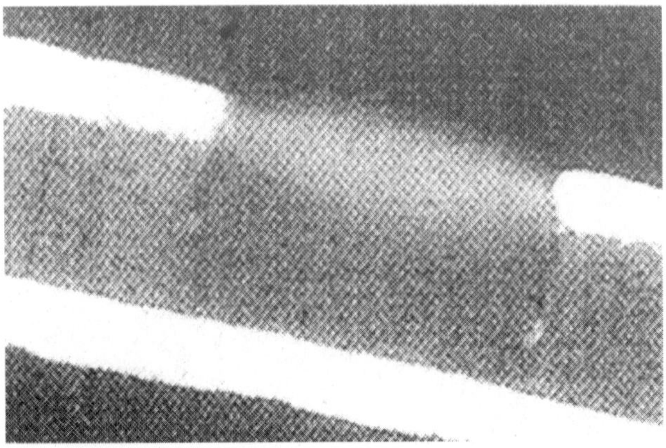

● 그림 1.54 $\phi$90㎛ 홀의 Carbon dioxide Laser 가공된 Micro blind via hole의 모습

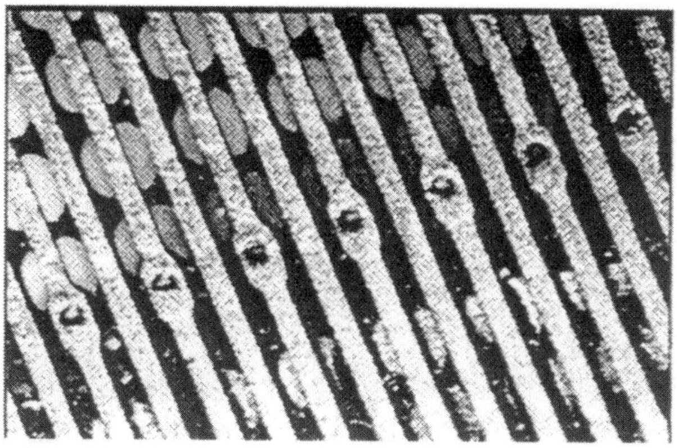

그림 1.55 $\phi 50\mu m$ 홀의 Carbon etching 에 의해 가공된 via hole의 모습

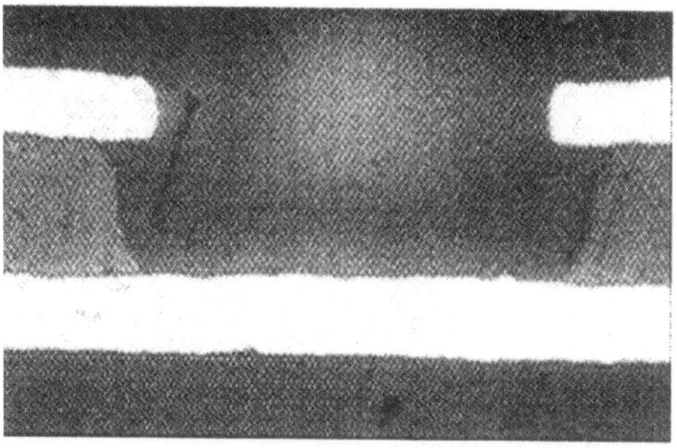

그림 1.56 $\phi 200\mu m$ 홀의 Plasma etching에 의해 가공된 Blind nia hole의 모습

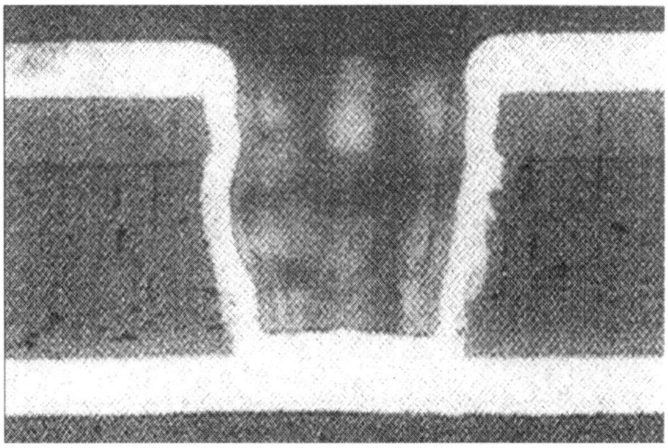

그림 1.57 $\phi 150\mu m$ 홀의 multi rigid-flex의 blind via hole의 모습

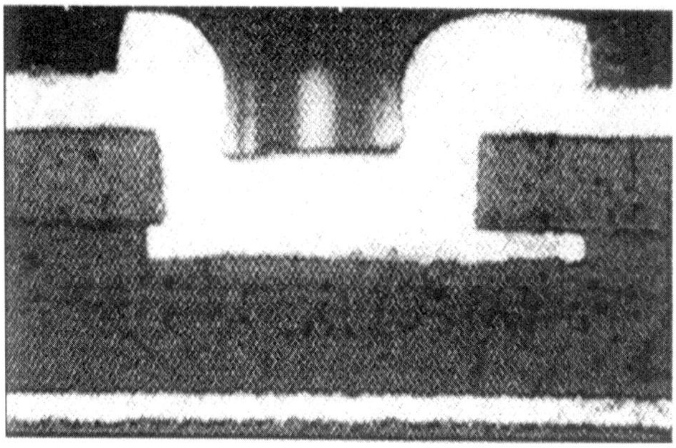

● 그림 1.58 $\phi$200㎛ 홀의 multi rigid-flex의 Blind via hole의 모습(Carbon dioxide Laser 드릴)

## 2) Cost적 측면 비교

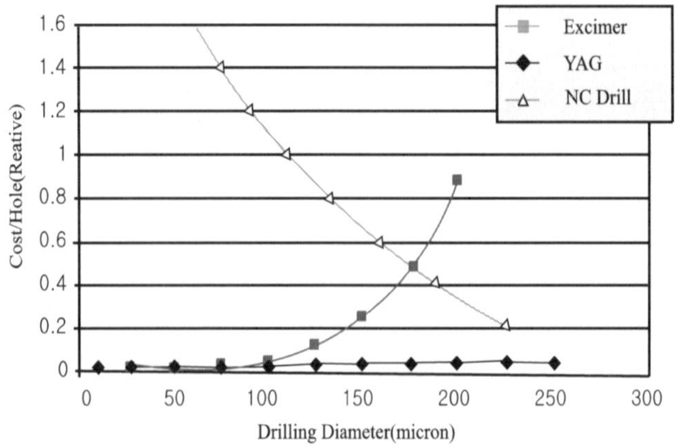


● 그림 1.59 drill cost 비교도

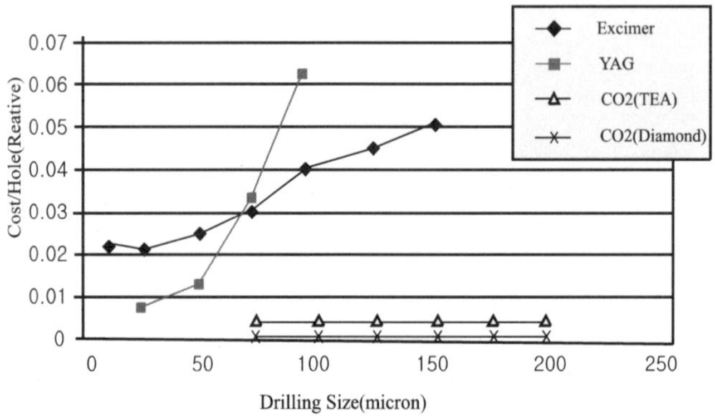


● 그림 1.60 drill cost 비교도

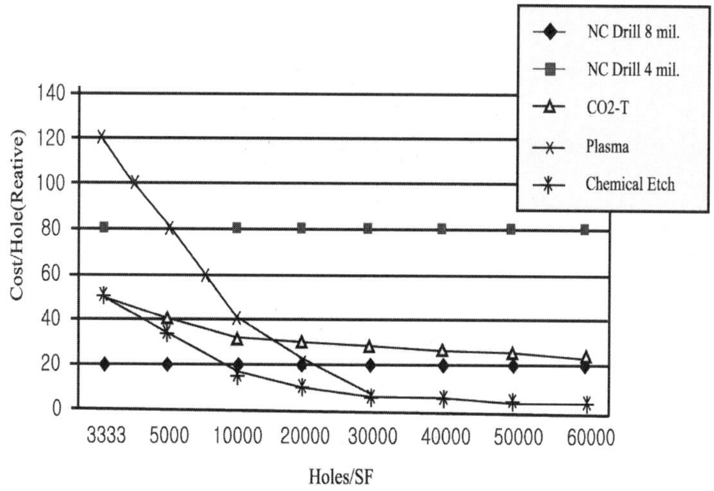


그림 1.61 $\phi$4mil 홀의 cost 비교도

## 1.7 PCB 내 광 도파로의 개발 기술

### 1.7.1. 광 PCB의 등장

1) 새로운 전자부품인 BGA, CSP 등은 Pitch의 Small 화, tight 화 등으로 새로운 제조 기술이 필요하다.
2) fast clock 속도, signal Band 폭에서 제품의 완전성을 위해 RFI, EMI 등의 megative 효과의 극복이 필요하다.
3) opto-electronics Printed Circuits는 HDI microvia 기술이 기본이 된다.
고주파 전기 신호, 개량된 광 도파로가 필요하다.

### 1.7.2. PCB 내에 Microvias를 사용해야 하는 이유

1) 더 뛰어난 전기적 완전성과 신호의 보전을 위한다.

① microvia의 구조는 스위치 noise를 감소하고 inductance 및 capacitance를 감소시킨다.
② 회로간의 신호 반사, Crosstalk를 감소시킨다.

2) 향상된 RFI / EMI / ESD를 위함이다.

● 그림 1.62 HDI의 5개 중요 영역에서의 장점

3) 광자, 전기적인 완전성을 위함이다.

① 일반적인 전기 연결 기술의 한계 및 단점은 아래와 같다.

- 전자기파의 방출과 그에 따른 감수성이 문제가 된다.
- 전기재료의 유전 정접과 SKim effect 등에 의한 신호 감쇠, 분산 등에 의해 data가 감소한다.
- 한면 연결당 한정된 data율에 의해 부품 수준 / Connector의 단면 연결수를 높여야 하고, 신호 보전이 높은 수준으로 까지 되도록 해야 한다.

② 광 전자의 장점은 다음과 같다.

- noise의 감소를 들수 있다.
- EMI의 감소효과가 있다.
- 향상된 신호 전파와 낮은 noise를 들 수 있다.

### 1.7.3. 광 전자와 도파로

1) 광 도파로를 PCB에 구성하는 기술이 필요하다.
2) 전기-광, 광-전기간 즉, 광 전송과 수신이 가능한 변환기가 필요하다.
3) 튼튼한 조합이 요구된다.
즉, 광학적으로 부품-보드 연결자, 보드-보드 연결자, 보드- fiber 연결자 등의 조합이 필요하다.

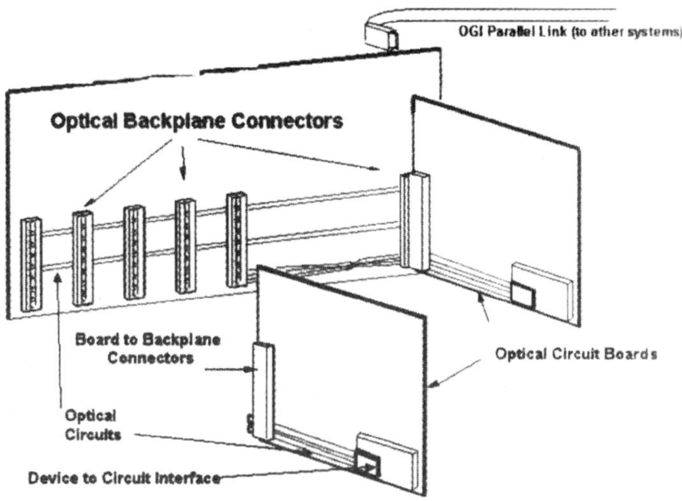


● 그림 1.63 Board 와 Board 간 광 연결 모습.

### 1.7.4. 광 도파로의 재료

주 재료는 Polymer로써 다음과 같은 특성이 요구된다.

1) 안정성 : 높은 열적 안정성과 장 기간의 광 안정성이 요구된다.
2) 입증성 : 대중적인 Photoresist 등의 Polymer를 기반으로 한 data 등이 필요하다.
3) 유용성 : 일정한 특성을 가져야 한다.
4) 불안정성 : 일부는 낮은 열적 안정성을 띠어야 한다. 즉, 디라미네이션, 습기, 약품에 대한 반응성이 낮아야 한다.
5) 불확실성 : 일부 재료는 새로운 공정, 장비, 경험등에 적용이 필요하다.
6) 무용성 : 용제를 함유하지 말아야 한다.

도표 15 | 광 도파로로 사용되는 Polymers

| Manufacturer | Polymer Type | Patterning Techniques | Waveguides 840 nm | Optical Losses 1300 nm | at 1550 nm |
|---|---|---|---|---|---|
| Allied Signal | Halogenated Acrylate | Lithographic, RIE Laser | 0.01 | 0.03 | 0.07 |
| | Acrylate | Lithographic, RIE Laser | 0.02 | 0.2 | 0.5 |
| Dow Chemical | Benzocyclobutene | RIE | 0.8 | 1.5 | |
| | Perfluorocyclobutene | RIE | 0.01 | 0.02 | 0.03 |

다음 페이지에 계속>>>

도표 15 | 광 도파로로 사용되는 Polymers

| Manufacturer | Polymer Type | Patterning Techniques | Waveguides 840 nm | Optical Losses 1300 nm | at 1550 nm |
|---|---|---|---|---|---|
| DuPont | Acrylate (Polyguide)<br>Teflon | Lithographic, RIE<br>RIE | 0.2 | 0.6 | |
| Amoco | Fluorinated polyimide | Lithographic | | 0.4 | 1.0 |
| BF Goodrich | polynorbornenes | Lithographic | 0.18 | | |
| Gen Electric | Polyetherimide | RIE, Laser | 0.24 | | |
| JDSU | Acrylate | RIE | | | 0.6 |
| NTT | Halogenated Acrylate<br>Polysiloxane | RIE<br>RIE | 0.02<br>0.17 | 0.07<br>0.43 | 1.7 |
| Asahi | Cytop | RIE | | 0.3 | |
| RIE = Reactive Ion Etching | | | source:Lucent Technologies | | |

도표 16 | 규격화된 Polymer 광 도파로와 전송 손실율

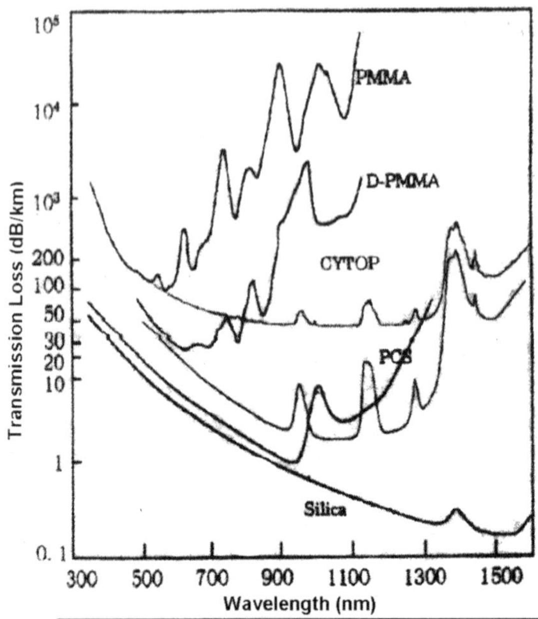


| λ(nm) | acrylate | fluorinated acrylate |
|---|---|---|
| 840 | 0.02 | 0.001 |
| 1300 | 0.15 | 0.03 |
| 1550 | 0.45 | 0.06 |

## 1.7.5. 3D 제조 기술들

### 1) EOBC (Electrical optical Board Circuit)

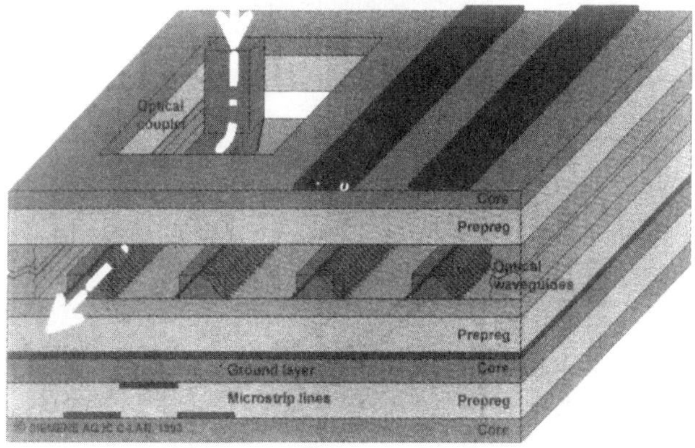


그림 1.64 EOBC (EOCB)의 개념도

embossing mold를 사용하여 제조한다.

그 제조도를 아래 (그림 1.65)와 (그림 1.66)에 설명하고 있다.

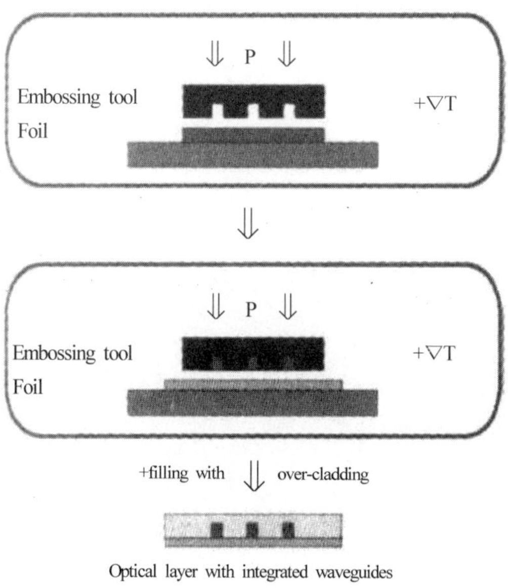


그림 1.65 Hot embossing에 의한 optrcal Layers제조 (Rib cladding Process)

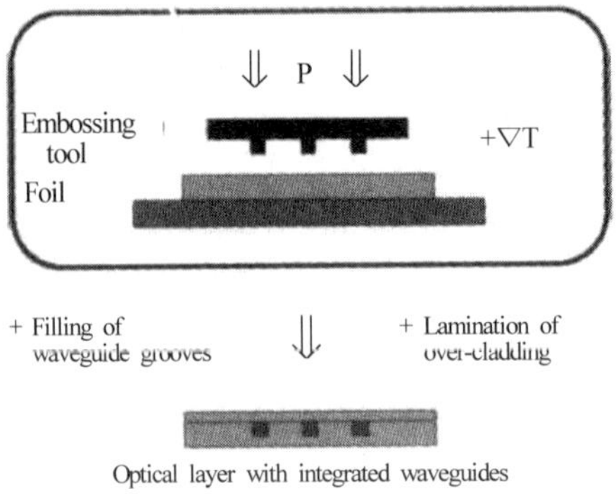


그림 1.66 Hot embossing에 의한 optrcal Layers제조 (Groove filling process)

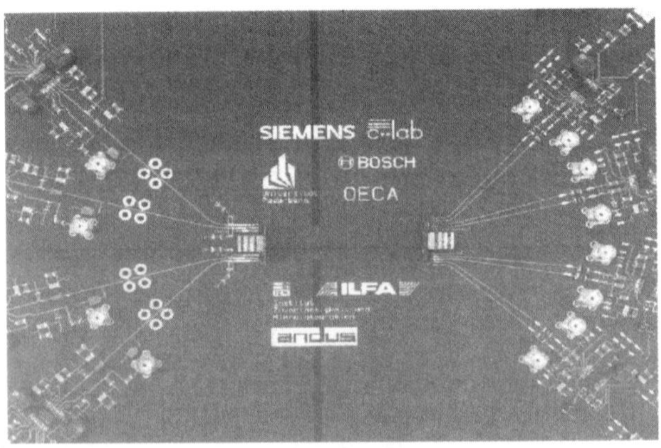


그림 1.67 광도파로 PCB (Siemens Test Vehicle)

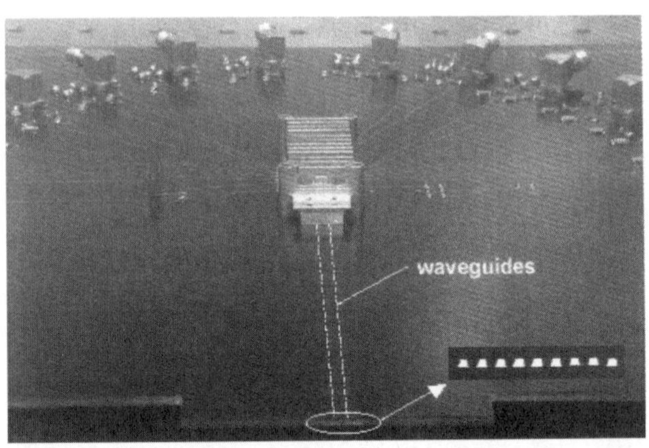


그림 1.68 Siemens Test Vehicle의 VCSEL Laser Transmitter의 모습.

### 2) polyGuide (photosensitive polymer)

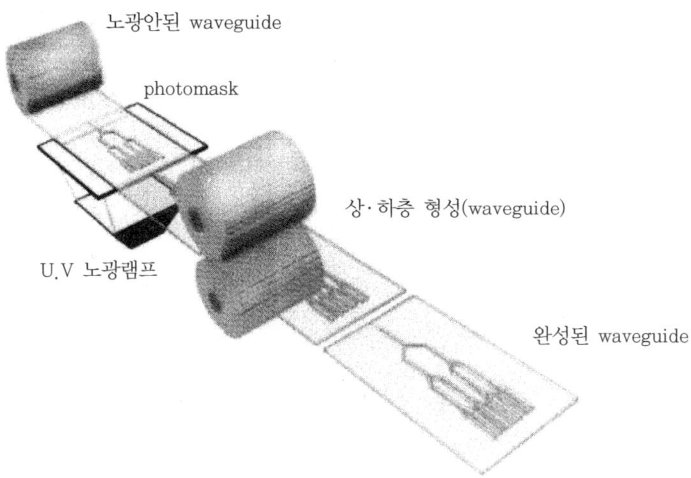


● 그림 1.69 polyguide optical waveguide cores with over cladding

● 그림 1.70 VCSEL 기본으로 개량된 PolyGuides로 된 Transponder

### 3) Topcat (planer polymer waveguide)

① 재료가 polynobornene이 사용된다.

② 재료의 process를 core first microreplication 하여 제조한다. 이때, Laser로 embossing tool를 제작한다.

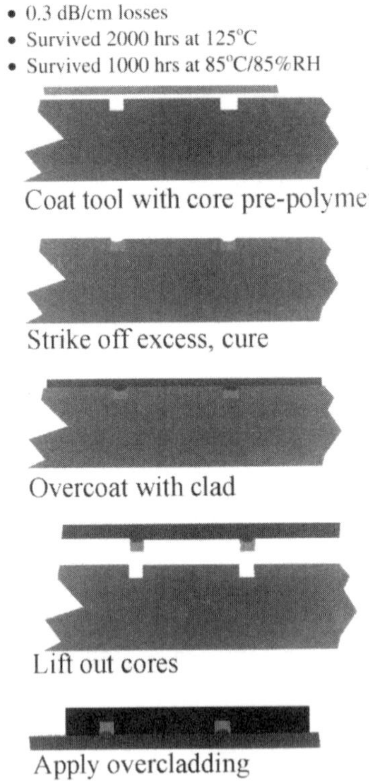


● 그림 1.71 TopCat Planar optical waveguide 제조 process

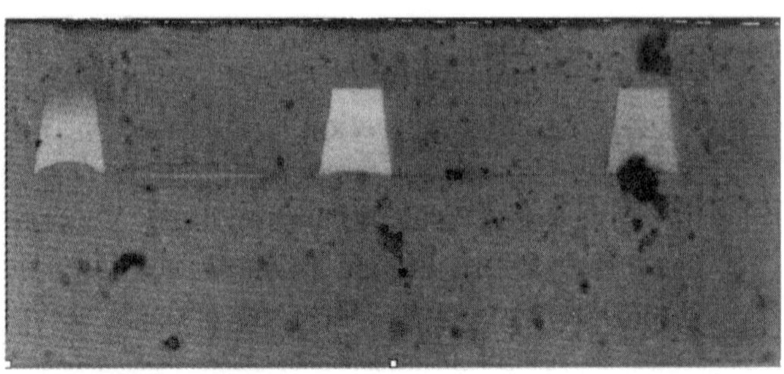

● 그림 1.72 TopCat Planar waveguide Core With over Cladding

## 1.7.6. 새로운 성분들

### 1) 3가지 성분

① VCSEL (Vertical Cavity Surface emitting Laser)

② micromirrors

③ optical receive

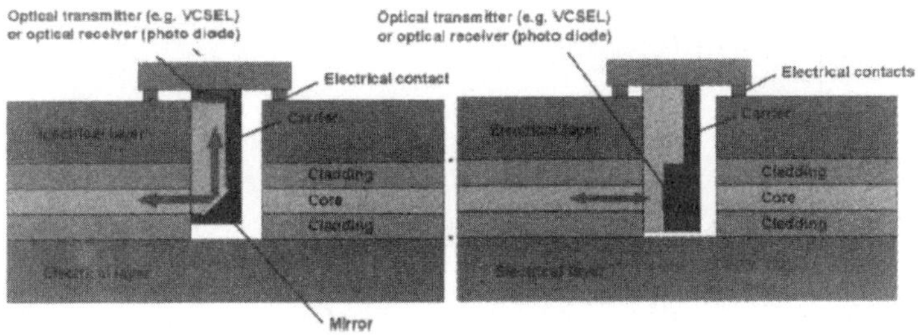


● 그림 1.73 optical 성분들

## 2) 3D assembly 기술들

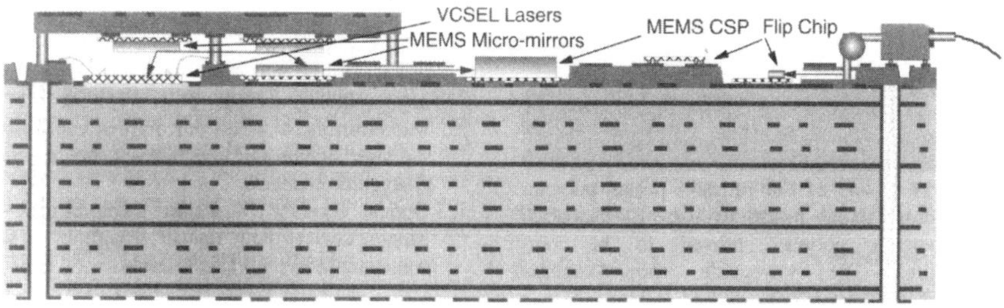


● 그림 1.74 thin film, flip chip, MEMS, PWB에 assembly 된 개량된 3D

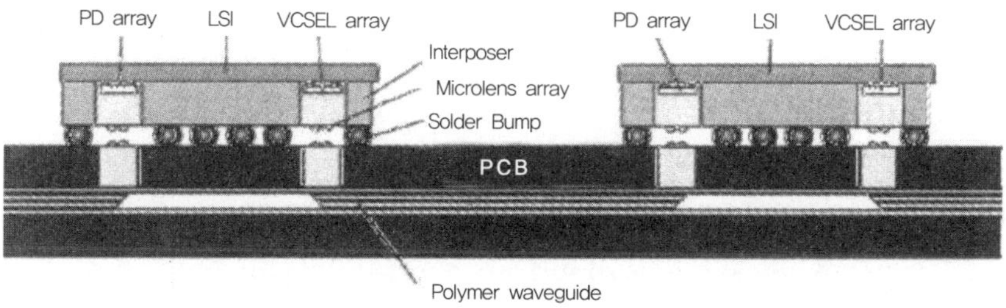


● 그림 1.75 chip-to-chip interconnection 된 NTT optical Waveguide 성분들

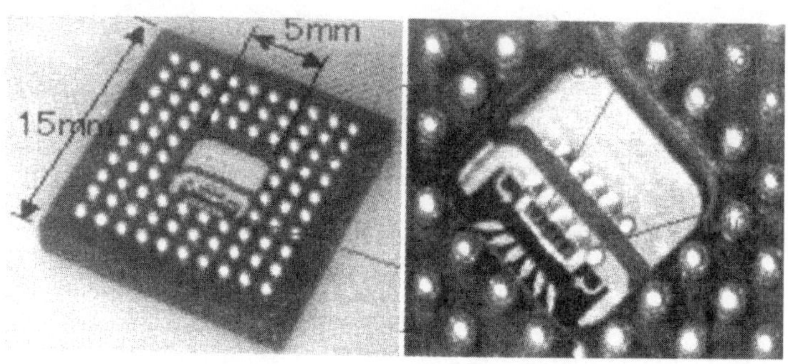


● 그림 1.76 VCSEL, 다른 optical components.

## 1.8 PCB의 신공법

### 1.8.1. Build up 공법

MLB를 기존 Press 공법이 아닌 필요한 층을 쌓아 나기면서 다층을 만드는 공법을 말한다.

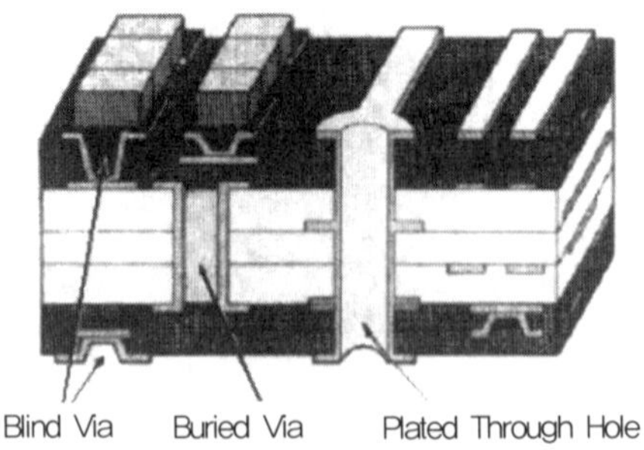


그림 1.77 1+4+1의 Build up 기판

### 1.8.2. Stack Via의 개념

1) 일반적인 Build-up 기판의 micro Via hole이 형성이 되면 즉, Laser 드릴 → 수지 조화 처리 → 무전해 / 전해 동도금 → 회로 형성후 그 위에 제 2의 절연층을 입히고 다시 Laser 드릴시 Micro Via가 서로 어긋나게 형성이 된다. 이것을 Staggered Via hole이라 한다.
2) 이것을 Stack Via화 하므로 설계부분, 전기도통, 신호 전송면 뿐 아니라 Via속에 paste 등을 채워 열 방출을 용이하게 할 수 있는 이점등이 있다.

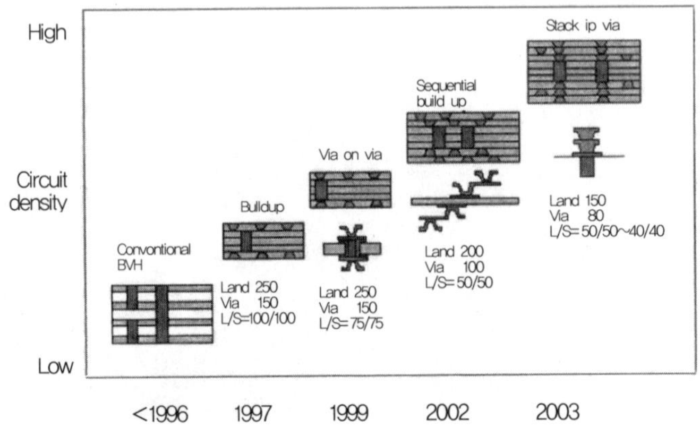


그림 1.78 PCB Via hole 형성 기술의 변화

### 1.8.3. Stack Via 형성 기술들

#### 1) ALIVH

hole을 Laser로 가공한 후에 Silver paste로 충진하여 위·아래의 Pad를 연결하는 공법을 말한다.

#### 2) $B^2it$

Copper foil 위에 Silver paste를 수차례 인쇄하여 경화하므로 Bump 형상으로 제작 한 후 Pre-Preg를 Lay-up 및 적층하여 Press를 하면 Silver Paste가 Pre-Preg를 꿰뚫어 상·하층을 연결하는 공법을 말한다.

위 ALIVH와 $B^2it$ 공법은 특수한 설비의 필요로 전 세계 휴대폰 시장의 15% 정도를 차지하고 있다.

#### 3) NMBI

3층 구조의 Cu foil을 이용해 etching을 하여 Cu Bump에 Pre-Preg를 Lay-up 및 Press를 하여 층간을 연결하는 공법을 말한다.

#### 4) AGSP

Cu Bump를 도금으로 형성하여 etching에 의해서 Via 층간을 연결하는 공법을 말한다.

#### 5) Pal-up

Rcc 재료에 Laser drill 하고 도전성 Paste를 충진하여 적층하여 층간 Via를 접속하는 공법을 말한다.

#### 6) filled Via

Laser 드릴 후 Via fill용 도금액으로 Via hole을 충진하여 Stack Via를 형성하는 공법을 말한다.

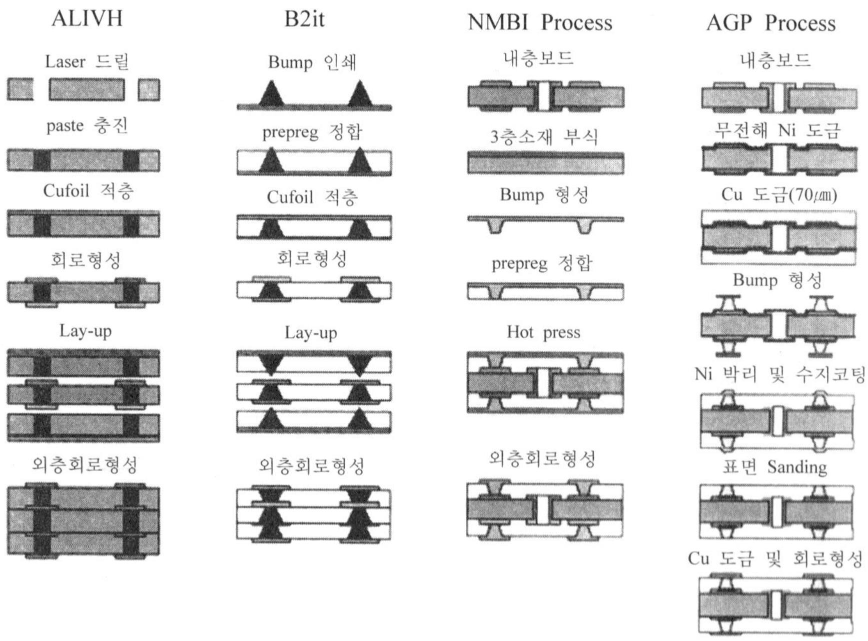


| | Laser+RCC | ALVH | B2IT | NMBI | DAGB |
|---|---|---|---|---|---|
| 접속<br><br>Frequency<br>설계자유도<br>Cost/홀수량<br>투자 | Thin CU 도금<br><br>○<br>△<br>×<br>× | Resin 함유 CU<br>Powder<br>△<br>△<br>×<br>△ | Resin 함유 Ag<br>Powder<br>△<br>○<br>○(무관)<br>△ | Pure Cu Bump<br><br>◎<br>○<br>○(무관)<br>△ | Pure Cu Bump<br><br>◎<br>○<br>○(무관)<br>◎ |
| Via 형성<br>특성 | Laser Drill+도금<br>Cu 접속(도금)<br>RCC사용<br>화학적 접속 | Laser<br>Drill+Paste인쇄<br>도전성Paste인쇄<br>Aramid재 사용<br>물리적 접속 | Paste인쇄<br>도전성Paste인쇄<br>기존Prepreg사용<br>물리적 접속 | Bump(에칭)<br>Cu Bump(등<br>CLAD)<br>기존Prepreg사용<br>물리적 접속 | Bump(도금)<br>CU BUMP(도금)<br>RCC의<br>화학적 접속 |
| 개발년도<br>양산여부<br><br><br>생산량(일본)<br>개발업체<br>생산업체 | 1996<br>양산<br>Global standard<br><br>총생산량의 80%<br><br>IIBIDEN, 삼성전기,<br>대덕, LG | 1995<br>양산<br>일본<br><br>20~25,000sqm/월<br>마쯔시타,<br>CMK | 1996<br>양산<br>일본<br><br>10~15,000sqm/월<br>도시바<br>Miyagi전자, 심텍 | 2000<br>개발<br>Global화 추진<br><br>0<br>North<br>LG | 1998→2000<br>소규모 양산<br>Global화 추진<br><br>300~600sqm/월<br>Daiwa공업<br>빅토리아 |

● 그림 1.79 Stack Via 형성 신공법들 도식 및 비교표

## 1.9 Impedance Control PCB

### 1.9.1. 개념

전자제품의 고속화(초고속 전송장비, 중대형 컴퓨터 등)는 PCB 회로기능의 다 기능화에 따른 유전체 특성 설계 변화가 필요하다.

이것은 아래와 같은 비유로 설명이 가능하다. 유체 역학적인 면에서 아래 송수관을 보자.

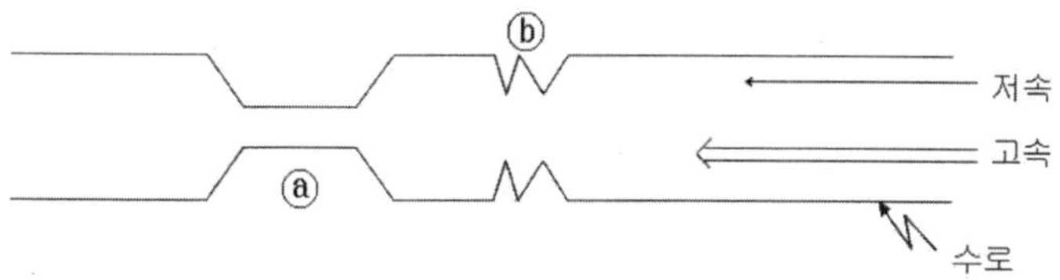


● 그림 1.80 송수관 단면

위 (그림 1.80)에서 ⓐ는 좁아진 배관, ⓑ는 굴곡진 배관으로 만일, 저속으로 물이 흐를 경우에 물의 속도는 ⓐ,ⓑ에 거의 영향을 받지 않지만, 고속으로 흐를 경우에는 ⓐ 부분에서는 물의 과류 또는 역류가 발생하고, ⓑ 부분에서는 물의 속도가 저하될 것이다

이것을 회로에 흐르는 전류에 적용 하였을때도 유사한 현상이 발생한다. 즉, 초고속, 고용량의 기판 제조시에 Time delay, Signal Loss, skin effect, Single & Differential Impedance, Dk, Df 등을 고려한 회로 설계 및 제조가 요구된다.

### 1.9.2. 기판 설계와 관련된 전자특성

#### 1) 유전율(Dk) : Dielectric Constant

① 개념

유전체(Dielectric material)가 교류 전자기파에 의해 생기는 전기적인 특성치이다.

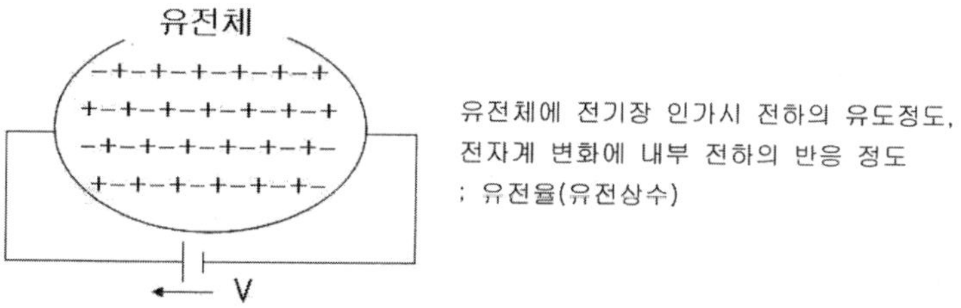


● 그림 1.81 유전율의 개념

위 (그림 1.78)에서 보듯이 유전체에 전기장을 인가시 전하의 유도 정도, 전자계 변화에 따른 내부 전하의 반응 정도를 수치화한 것을 유전율(유전상수)이라 한다.

② 비유전율 (εr)

공기의 유전율을 "1"로 놓고 그에 비례한 각 유전체의 유전비율을 말한다. 예를 들면 FR-4는 4.3~4.5, BT는 3.7~3.9, PTFE는 2.4~2.6 등이 $\varepsilon_r$이다.

### 2) 유전정접 (Df : Dissipation factor)

① 개념

유전체에 교류 전기장을 인가시 유전체 속에서 열로 없어지는 에너지 손실(유전 손실)을 말한다. 이때, 전류의 위상이 유전 손실에 의해 S각 만큼 늦어지게 된다.

유전정접 (손실)은 tan δ라 하고, δ는 유전손실각이라고 한다.

② 초고속 신호 전송을 위한 PCB 절연재료의 조건

- 유전율 및 유전손실이 낮아야 한다.

신호전송 속도는 아래 식에 의해 표시된다.

$$\text{신호전송속도}(V) = \frac{C}{\sqrt{\varepsilon_r}} \text{ [m/h]} \qquad (C : \text{광속} \quad \varepsilon_r : \text{비유전율})$$

- 원재료별 상대신호전송속도

**도표 17 | 원재료별 상대신호전송속도 비교표**

| 원재료 | FR-4 | BT resin | Cynate Ester | Polymide | PTFE |
|---|---|---|---|---|---|
| 유전율 | 4.7 | 3.9 | 3.0 | 4.3 | 2.4 |
| 상대신호전송속도 | 100 | 109 | 126 | 104 | 141 |

위 (도표 17)에서 FR-4를 100의 상대신호전송속도로 놓고 비교하였다. PTFE가 상대신호전송속도가 빠름을 알 수 있다.

- 원재료의 glass 및 수지 종류 및 함량에 따라 유전율이 변화한다.

**도표 18 | FR-4의 수지량 & 유전율**

| 수지함량(%) | 40 | 45 | 50 | 55 | 60 | 65 | 70 |
|---|---|---|---|---|---|---|---|
| 유전율 | 4.84 | 4.75 | 4.63 | 4.51 | 4.42 | 4.33 | 4.23 |

위 (도표 18)에서 보면 FR-4의 수지량이 높아지면 유전율이 낮아지는 것을 알 수 있다.

- 신호전송손실이 낮아야 한다.

신호전송손실은 다음 식에 의한다.

$$신호전송손실(Ad) = \frac{f}{C} \times \sqrt{\varepsilon r} \times \tan\delta$$

(C : 광속 Ad : 신호전송손실($^{dB}/_{im}$) f : 주파수 tan δ : 유전손실(유전정접))

도표 19 | 원재료에 따른 상대신호전송손실

| 원재료 | FR-4 | BT resin | Cynate Ester | Polymide | PTFE |
|---|---|---|---|---|---|
| 유전율 | 4.7 | 3.9 | 3.0 | 4.3 | 2.4 |
| 유전손실 | 0.018 | 0.010 | 0.010 | 0.015 | 0.0012 |
| 상대신호전송속도 | 100 | 51 | 44 | 80 | 35 |

위 (도표 19)역시 FR-4의 상대신호전송손실을 100으로 보고 원재료별 비교화된 수치를 보이고 있는데 PTFE가 가장 낮은 수치임을 알 수 있다.

### 1.9.3. 신호 감쇠 (Signal Loss : attenuation)

전파가 전송매체를 진행하면서 이 파의 진폭이 시·공간에 따라 산란 또는 흡수에 의해 신호가 감쇠되는 현상을 말한다.

### 1.9.4. 전송 지연 (Time delay : propagation delay)

Data 신호내의 여러 고주파 신호가 전송될 때 각 고주파 성분에 의해 속도가 달라지면서 지연 성분에 의해 일정 Time 도달시 신호 지연이 발생되는 현상을 말한다.

### 1.9.5. 혼선 ( Cross talk)

인접 회로상에 전파가 서로 전송될 때 여러 고주파 신호가 서로 서로의 회로에 중첩되어 신호 혼선을 가져오는 현상을 말한다.

### 1.9.6. 표피 효과 (Skin effect)

고주파 전류가 도체 표면의 얇은 표피층을 흐르는 현상을 말한다.

## 1.9.7. Impedance

### 1) 개념

어떤 회로에 흐르는 전압(V)/전류(i)의 비 즉, $R = \frac{V}{i}$ (직류 회로)를 의미하며 이것은 주파수와는 무관하여 일반 저항 (Resist)로 정의된다.

2) 주파수에 영향을 미치는 소자가 결합된 회로. 즉, 교류회로에서는 Coil의 인덕턴스 (L)과 콘덴서의 캐퍼시턴스 (C)가 동시에 작용하여 나타내는 저항을 Impedance라고 한다.

PCB 회로상에 적용되는 Impedance는 다음으로 표시된다.

$$Z_0 = \sqrt{\frac{L}{C}}$$

$Z_0$ : Impedance　　L : Inductonce　　C : Capacitance

예를 들면 직류 회로와 교류 회로에서 Impedance의 의미는 아래 그림과 같다.

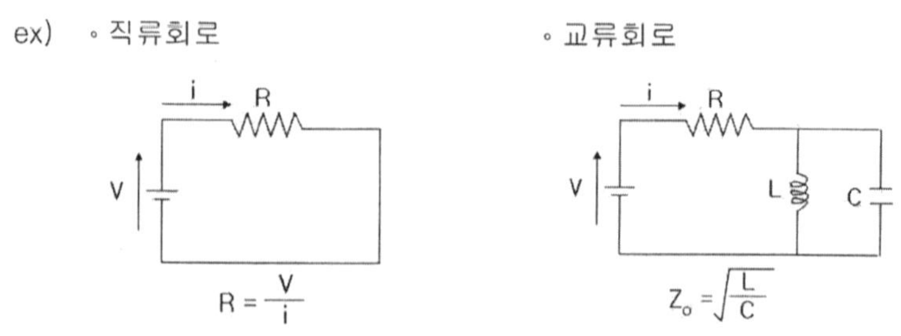


● 그림 1.82　직류 회로 및 교류 회로에서의 Impedance

### 3) Impedance를 Control 해야 하는 이유

Logic Circuit에서 전송 속도가 빠를 경우 즉, rising time이 급격할 경우 다음 (그림 1.82)에서와 같은 현상이 발생한다.

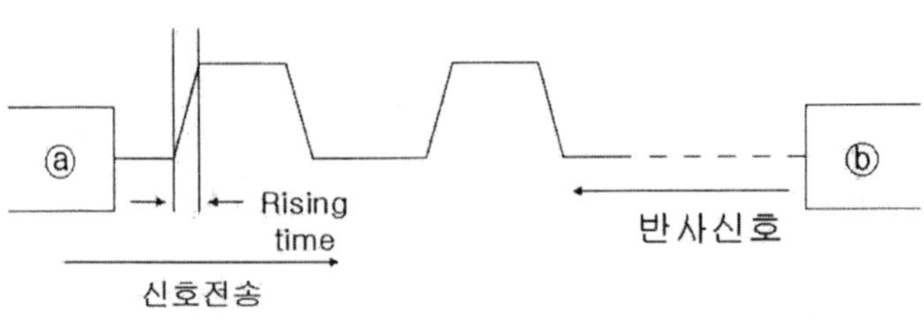


● 그림 1.83　Logic Circuit의 전송관계도

(그림 1.83)에서 ⓐ 선로에서 ⓑ 선로까지 전파 전송시 rising time이 급격하여 반사 신

호가 rising time 부위를 교란시켜 반도체 동작을 방해한다.

이때, 이 문제를 방지할 목적으로 종단부 ⓑ 선로에 Terminator를 부착하여 에너지를 흡수해 버릴수 있다. 이때, 흡수하기 위한 방법은 Terminator의 Impedance와 전송 회로의 Impedance를 동일하게 하면 된다. Terminator의 Resistor의 Impedance 값은 정해져 있기 때문에 PCB의 전송 선로 즉, 회로의 Impedance를 맞추어 Control 해야 할 필요가 있는 것이다.

### 1.9.8. 설계

#### 1) Impedance 특성 설계

회로의 회로 폭 , 회로 두께, 절연체 두께, 유전율과 밀접한 관련을 두고 설계해야 한다.

① 신호 전달 회로에는 다음과 같은 것들이 있다.

- Strip Line

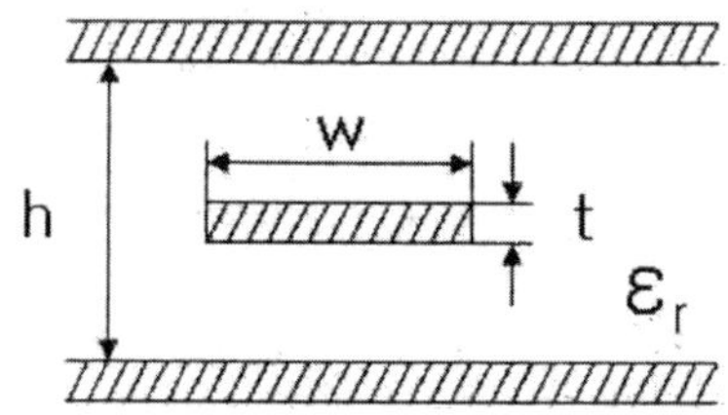


$$Z_0 \fallingdotseq \frac{60}{\sqrt{\varepsilon_r}} \mathrm{In} \frac{1.9h}{(0.8w+t)}$$

$Z_0$; 특성임피던스

h;절연두께

w; 회로폭

T; 회로두께

$\varepsilon_r$; 유전율

● 그림 1.84 Strip Line

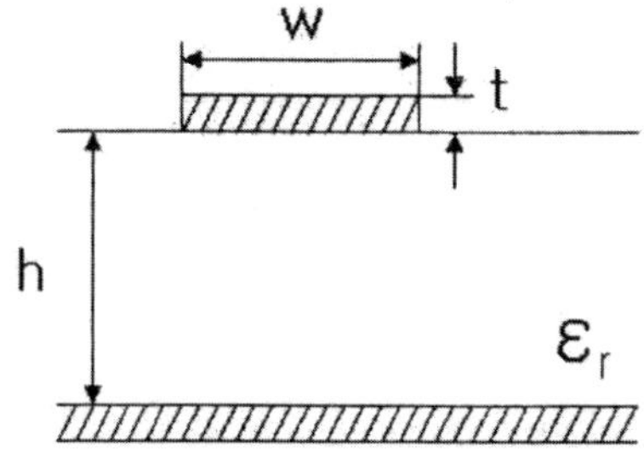


$$Z_0 \fallingdotseq \frac{87}{\sqrt{\varepsilon_r+1.41}} \mathrm{In} \frac{5.98h}{(0.8w+t)}$$

● 그림 1.85 Micro Strip Line

② Strip Lime (3층 구조의 경우)

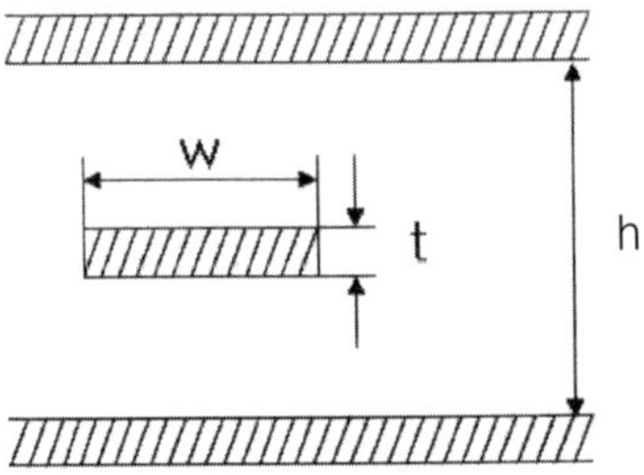


$$Z_0 \fallingdotseq \frac{60}{\sqrt{\varepsilon_r}} \mathrm{In} \frac{1.9h}{(0.8w+t)}$$

● 그림 1.86 3층 구조 Strip Line

- FR-4 절연체의 경우

  εr = 4.28 (f=300MHZ)

  h = 1.43 mm

  w = 0.254 mm

  T = 0.035 mm

- 유전율 (εr)의 영향

  εr = 4.28 일 경우 $Z_0$ = 75.0 (Ω)

  εr = 4.82 일 경우 $Z_0$ = 69.7 (Ω)

  즉, εr의 증가는 $Z_0$의 감소를 야기한다.

- 절연 두께(h)의 영향

  h = 1.43 mm 일 경우 $Z_0$ = 75.0 (Ω)

  h = 1.38 mm 일 경우 $Z_0$ = 80.7 (Ω)

  h = 1.48 mm 일 경우 $Z_0$ = 76.1 (Ω)

  즉, 절연 두께의 감소는 $Z_0$ 의 감소를 초래한다.

- 회로 폭 (W) 의 영향

  W = 0.254 mm 일 경우 $Z_0$ = 75.0 (Ω)

  W = 0.203 mm 일 경우 $Z_0$ = 80.7 (Ω)

  W = 0.254 mm 일 경우 $Z_0$ = 70.4 (Ω)

  즉, 회로 폭의 감소는 $Z_0$ 의 증가를 초래 한다.

  또한, 회로 형상 즉, Under Cut 은 $Z_0$에 큰 영향을 미침을 알 수 있다.

- 회로 두께 (t) 의 영향

  t = 0.035 mm 일 경우 $Z_0$ = 75.0 (Ω)

  t = 0.0175 mm 일 경우 $Z_0$ = 77.25 (Ω)

  t = 0.07 mm 일 경우 $Z_0$ = 70.60 (Ω)

즉, 회로 두께의 증가는 $Z_0$의 감소를 초래한다.

### 1.9.9. 원자재 선정

1) 초 고주파 기판에 적용되는 저 유전율 / 저 유전정접 특성 즉, 유전율이 3.5 이하, 유전정접이 0.0005 이한의 기판 적용이 바람직하다.

도표 20 | 원자재별 $D_k$ , $D_f$

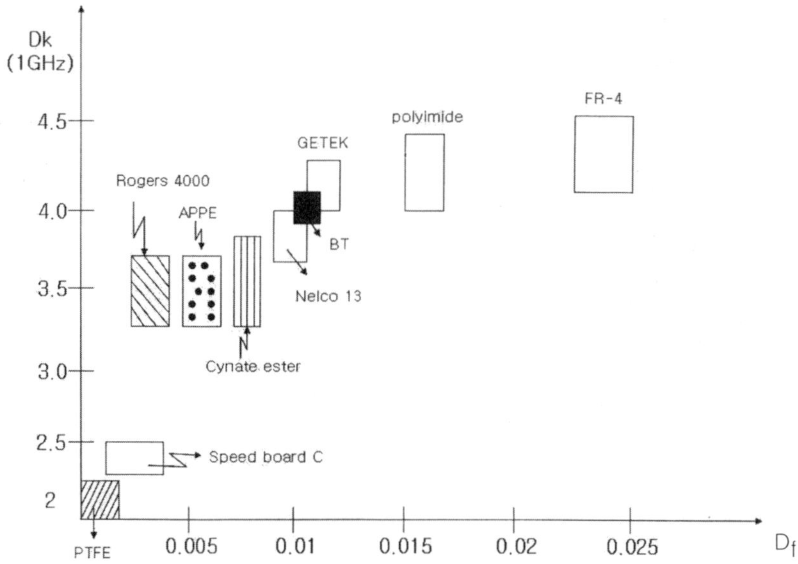


#### 2) 원자재 선정시 주의 사항

① 유전체 특성이 주파수 변화에 대한 변동폭이 적은 자재가 좋다.

② PCB 제조로 가공성이 좋아야 한다.
예를 들면 PTFE는 유전 특성은 양호하지만 가공성이 나쁘다.
Gore사의 speed board 가 특성 및 가공성이 양호한 것으로 보고되고 있다.

③ 자재 가격이 FR-4 보다 고가이다.
그러므로, 필요시 유전 특성이 우수한 자재와 일반 FR-4를 혼용 적층하는 경우도 고려해 볼 필요성이 있다.

④ 고 다층, 대형, 두꺼운 기판들이 많아 열적 / 물리적 특성이 우수한 자재가 필요할 경우도 있다.
예를 들어 hrigf Tg 기판 또는 x , y, z 축 열팽창 계수가 낮은 기판등이 필요한 경우도 있다.

### 1.9.10. PCB 제조시 관리 항목

특성 Impedance 값의 결정 factor 가 유전율, 층간 절연 두께, 회로 폭, 회로 두께 이므로 각 관련 공정별 공정 관리가 필요하다.

#### 1) 유전율

수지(resin)과 glass fiber의 비율에 의해 결정되므로 pre-preg 조합별 Test가 필요하다.

#### 2) 층간 절연 두께

Panel Sige, Pre-Preg의 물성 (resin Content, resin flow, Volatile Content, gel time 등), 내층 Cu의 층별 Ballance, 적층 치공구, 적층 설비의 평형 / 편편도, 적층 cycle 등의 관리가 중요하다.

#### 3) 회로 폭, 회로 두께

내층 회로에서는 Cu foil의 낮은 조도의 matte면 동박 사용이 추천되고, 외층 회로 형성 시에는 도금두께 관리와 부식시 under cut의 최소화가 중요하다. 또한, micro strip 임피던스 관리 공차가 엄격히 요구되는 경우는 solder resist 두께도 보정인자로 관리할 필요가 있다.

※ 참고자료


1. TPCA 2001 Forum Proceedings, Photoresist and Poleshing Epoxy for via, Tien-Show, 2001년
2. TPCA 2001 Forum Proceedings, Photo via Process introduction, C.Y.hung, 2001년
3. TPCA 2001 Forum Proceedings, out-layer fine pattern manufacture using negative type Dry film Poto resist material, Tony fang, 2001년
4. TPCA Forum 2002 Proceedings, HDI PWB maunfacture using ultrathin Copper Foils for Lader Direct Drilling, GALES Raymond, 2002년
5. TPCA 2002 Forum Proceedings, Image Transfer in PWB Fabrication, Novel applications of Established and Evoling Technologies, Dr. karl h. Dietz. 2001년
6. TPCA fourm 2002 Proceedings, the developing Technologies of integrated optical waveguides in printed Circuits, happy holden, 2002년
7. KPCA magazine, 기술-Stack via로 가는 길은 아직도 멀었는가?, 대덕전자(주) 이진호 전문, 2004년 2월호
8. Circuitree, Microvia Technologies for High-Density flex Circuits, Darry I Mckenney, Arthur Deminique Numakura, March, 2000년

>>> CHAPTER 2

# PCB 품질 관련

## 2.1 Bonding력에 영향을 미치는 Cu foil & resin

### 2.1.1. 개요

Cu foil의 Bonding strength를 peel strength, pull strength, shear strength로 나누어 비교한다.

1) peel strength는 Cu foil과 resin에 의해 영향을 받는다.
2) pull strength 및 shear strength는 resin에 의해 영향을 받는다.
3) SMD는 강한 pull, shear strength가 요구된다.

### 2.1.2. 개념

1) PCB의 mounting 방식은 삽입 mounting에서 surface mounting으로 변화하고 있다. 따라서, high Bonding strength 가 요구되는데 이것은 Cu foil, resin에 영향이 크다.
2) PCB의 fine pattern 화는 resin은 거칠고, Cu foil은 flat화 되는 경향으로 Low peel strength화 가능이 커지고 있다.

### 2.1.3. 실험

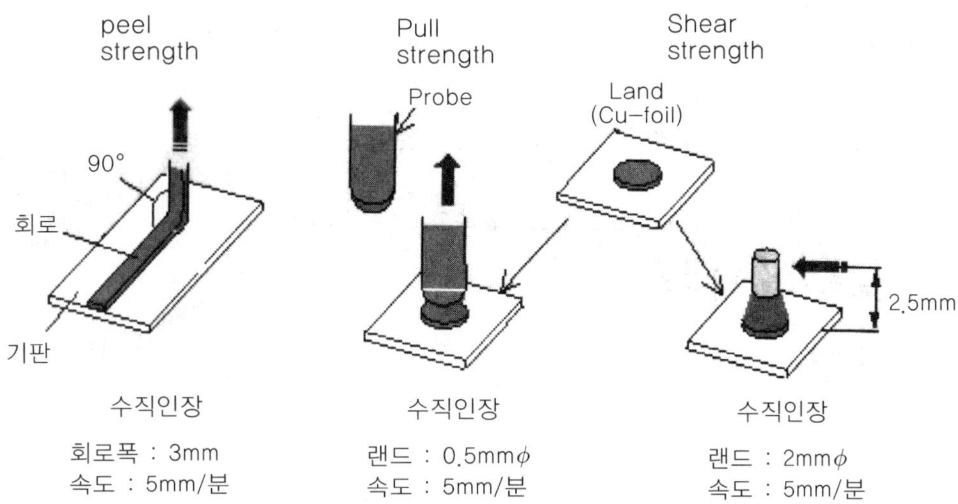


그림 2.1 Bonding strength 측정 방식들

### 1) 표면 거칠기의 영향

① Bonding side의 Cu 표면 거칠기가 1.9~10.2㎛(Rz)인 35㎛ Cu foil의 Bonding strength를 측정하였다. 여기서, resin type은 FR-4, High Tg, Non-halogen의 3가지를 사용하였다.

② Test 시편은 pattern을 형성한 후 etching 하여 제조하였다.

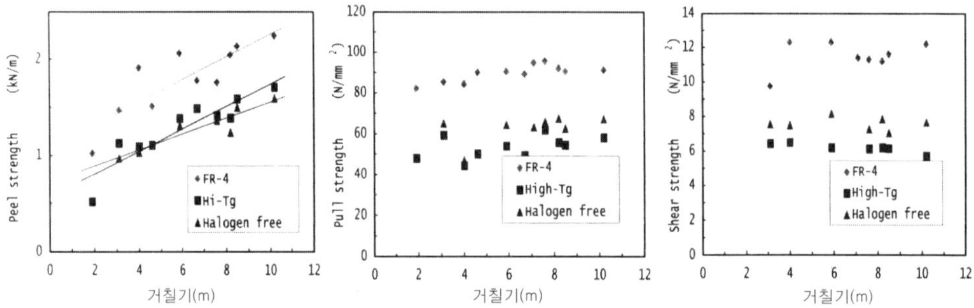


그림 2.2 resin 종류별, Rz별 Bonding strength 비교도

(그림 2.2)에서 보면 다음과 같은 분석이 가능하다. 즉, Peel strength는 Rz에 비례하여 높아지고, 동일 Rz에서 FR-4가 가장 높게 나타났다. pull strength와 shear strength는 Rz에 크게 영향을 받지않고 단지 resin 종류에 영향을 받는 것으로 보이며, FR-4가 high Tg, halogen free 보다 Rz에 관계없이 높음을 알수 있다.

### 2) 두께의 영향

Cu foil 의 두께를 18~70 ㎛으로 하여 영향이 있는지의 여부를 알아보았는데, Cu foil의 Bonding 면 표면조도는 4.0 ㎛으로 동일하게 하였다.

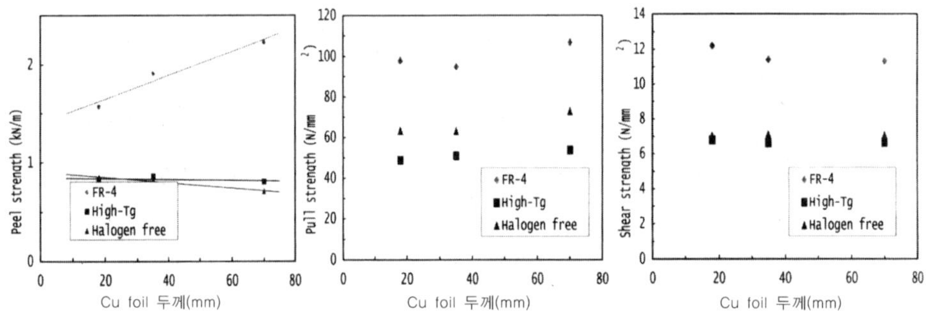


그림 2.3 Cu 두께와 resin별 Bonding strength 비교도

(그림 2.3)에서는 Cu 두께별, resin별 Bonding strength 의 비교도로 여기서 알 수 있는 것은 peel strength는 FR-4인 경우는 Cu foil 두께에 비례하여 상승하지만, halogen free, high Tg FR−4는 Cu foil 두께에 영향이 없음을 알 수 있다. 즉, pull strength는 FR−4 > halogen free > high Tg 순으로, shear strength는 FR−4 > halogen ≅ free high Tg 순으로 나타났다.

### 3) 3가지 특성들의 영향

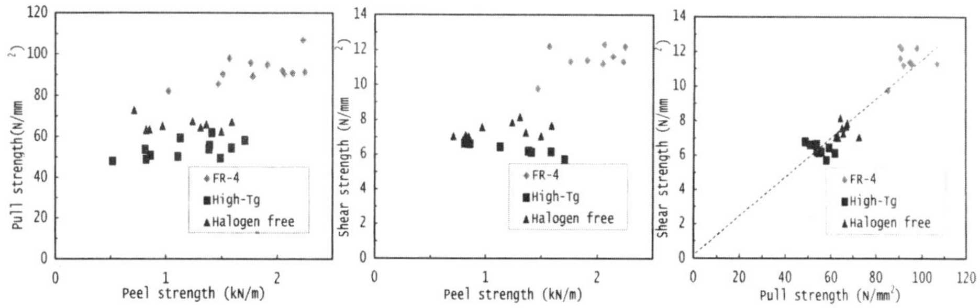


● 그림 2.4 Bonding strength 의 각 type 별 관계도

(그림 2.4)는 Bonding strength의 종합 data로 다음과 같이 분석된다.

즉, peel strength는 Cu foil과 resin 모두에 영향을 받는다. pull strength, shear strength는 resin 에만 영향을 받는다. 또한, 동일 peel strength에서 FR−4 > halogen free > high Tg 순으로 pull strength 가 나타났고, shear strength도 FR−4 > halogen free > high Tg 순으로 나타났다.

### 4) failure 원리

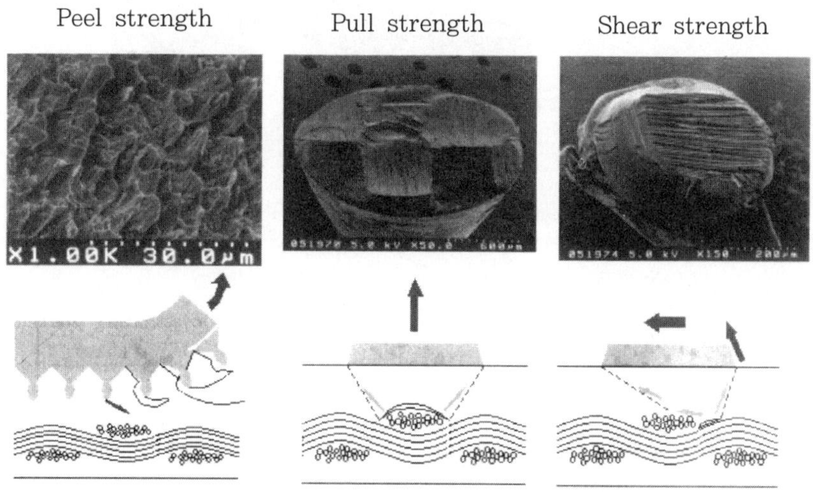


● 그림 2.5 Bonding 결합의 SEM 사진들

(그림 2.5)에서 Bonding 결합의 3가지를 SEM 촬영한 것을 보여 주고 있다.
요약을 하면 다음과 같이 설명되어진다.

① peel strength 는 Cu foil roughness 와 thickness 에 의해 영향을 받는다.

② peel strength 와 shear strength 는 Cu foil 의 roughness 와 thickness 에는 영향을 받지 않는다.

③ suface mount PCB 의 경우에는 pull 및 shear strength 에 직접적인 영향을 많이 받는다.

## 2.2 P. T. H의 outgassing 연구

### 2.2.1. outgassing 문제의 개념

1) pin hole, Blow hole, Void, solder Blowout 는 모두 동일 원인에서 발생된다.
2) 재료의 습기에 의해 발생한다.

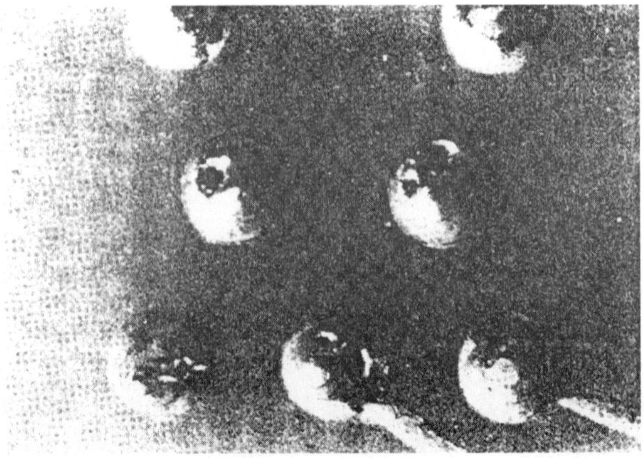

그림 2.6 solder 접속부위의 Blow hole 및 pin hole의 모습.

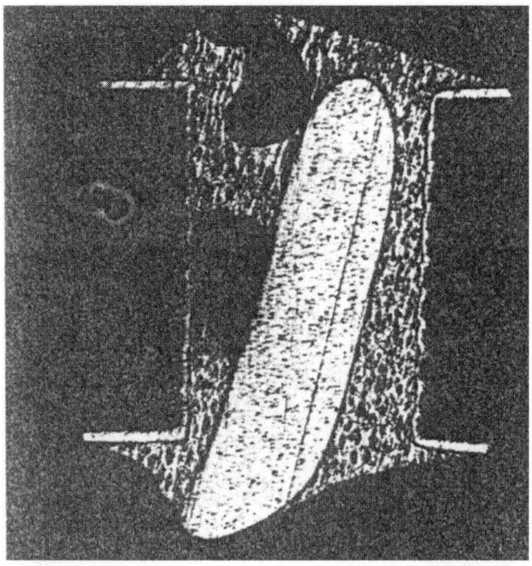

그림 2.7 solder 접속 부위의 Blow hole, Void 의 x-section 모습.

위 (그림 2.6), (그림 2.7)은 solder 접속 부위에서 발생한 Blow hole, pin hole, 홀 속 Uoid의 x-section 사진을 보여주고 있다.

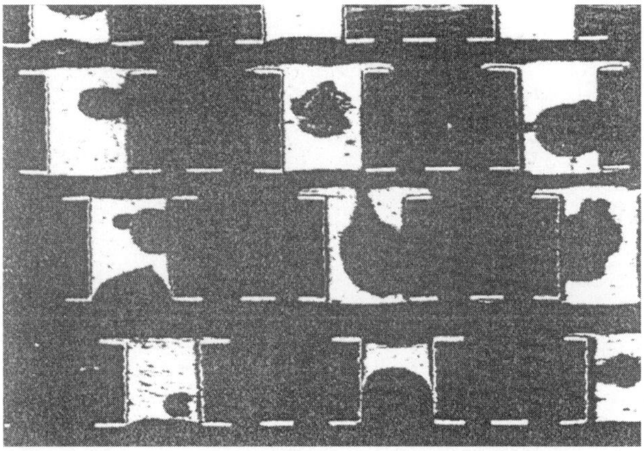

그림 2.8 soldering 된 PTH의 Blow hole, Voids, Blow out 의 x-section 모습.

3) 보드의 습기가 열 충격으로 Vapor 를 형성하여 발생 하는데, 이것은 홀 속 Cu 도금의 불 충분 및 열악할 때 soldering시에 Vapor가 방출하는 것이다.

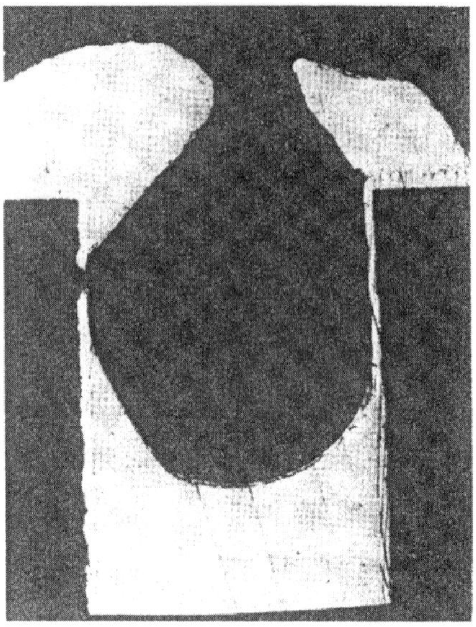

그림 2.9 soldering 된 PTH에서 발생한 Blow hole 의 x-section 모습.

4) 근본적인 해결은 Drill, 도금의 완전성, 도금의 두께, 도금의 밀착력등의 보완이 필요하다.

5) soldering 전 Baking에 의해 Blow hole을 줄일 수 있다.

### 2.2.2. outgassing의 factor 별 영향

#### 1) Laminate 특성

① CCL 의 resin content 와 흡수율은 비례한다.

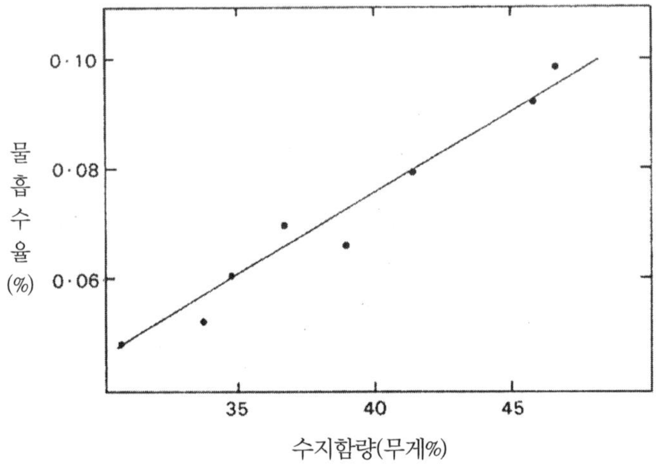


그림 2.10 흡수율 vs resin content

② outgassing 은 CCL의 두께에 비례한다.

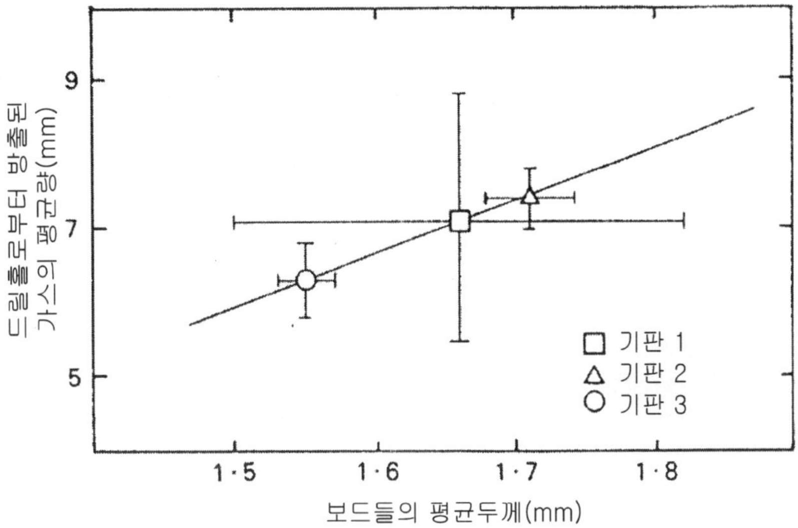


그림 2.11 outgassing vs 보드 두께

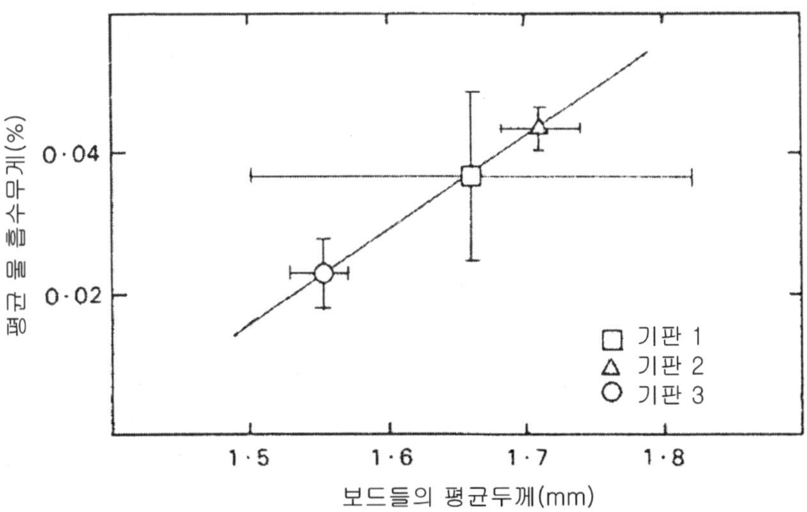


그림 2.12 흡수율 vs 보드 두께

흡수율은 보드 두께에 비례한다.

**2) Through hole plating 및 Drill의 평가**

① Drill 시 New Bit 와 resharp 된 Bit 의 홀 속 차이

그림 2.13 고랑과 함몰이 있게 드릴된 홀의 SEM 사진

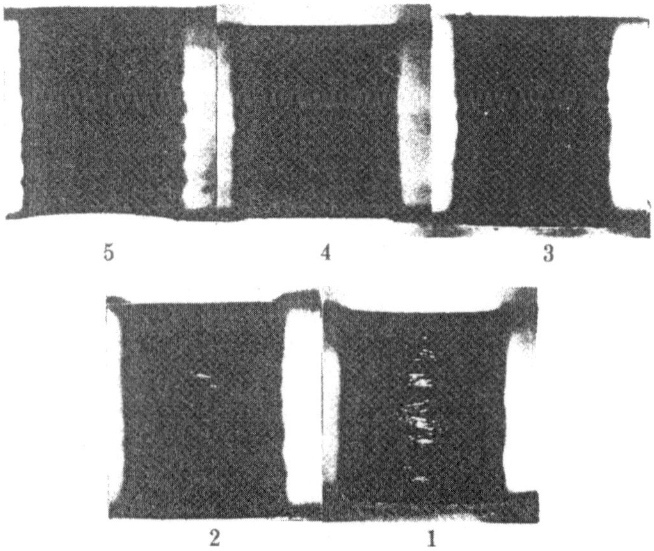


그림 2.14 P.T.H 및 전기동도금 후의 hole 의 Back Light 사진

위 (그림 2.14)는 홀의 Back Light 사진으로 1, 2, 3번 홀 사진에서 Void를 볼 수 있고, 4, 5번 홀은 양호한 것을 볼 수 있다.

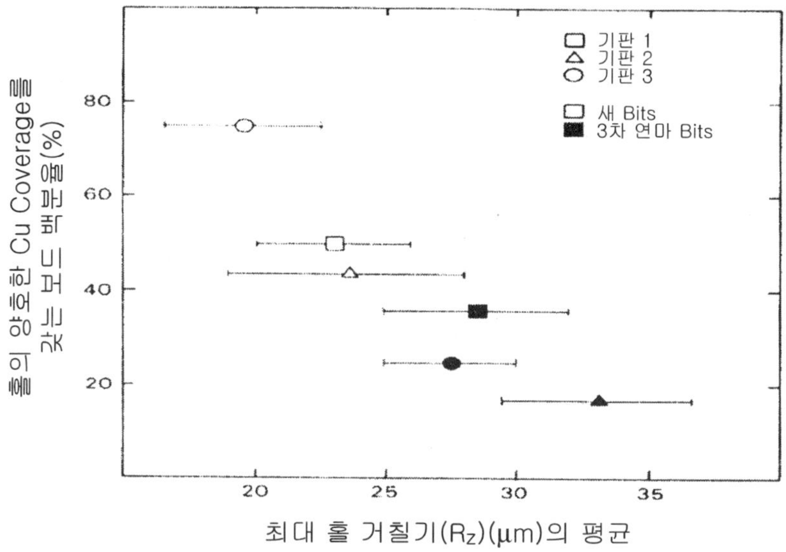


● 그림 2.15 P.T.H 및 전기동도금의 Coverage vs 홀 벽의 max roughness.

(그림 2.15)는 New Bit 와 resharp Bit의 홀 속 roughness의 차이를 알 수 있고 resharp 된 Bit로 드릴된 홀 속에서 도금 Coverage의 문제가 많이 발생하는 것을 알 수 있다.

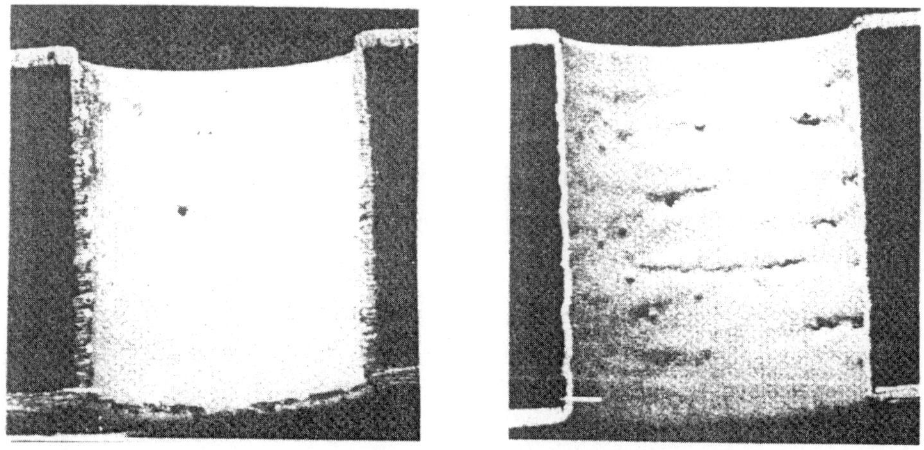

(a)_ (b)

● 그림 2.16 PTH 홀벽 Void (a) SnPb strip 후 (b) Cu Soft etching 후 모습.

### 3) outgassing test 결과

① 홀 벽 roughness가 심한 홀

② 동 도금 두께가 얇은 홀

③ CCL 두께도 영향을 미친다. 원인으로 outgassing 이 증가한다.

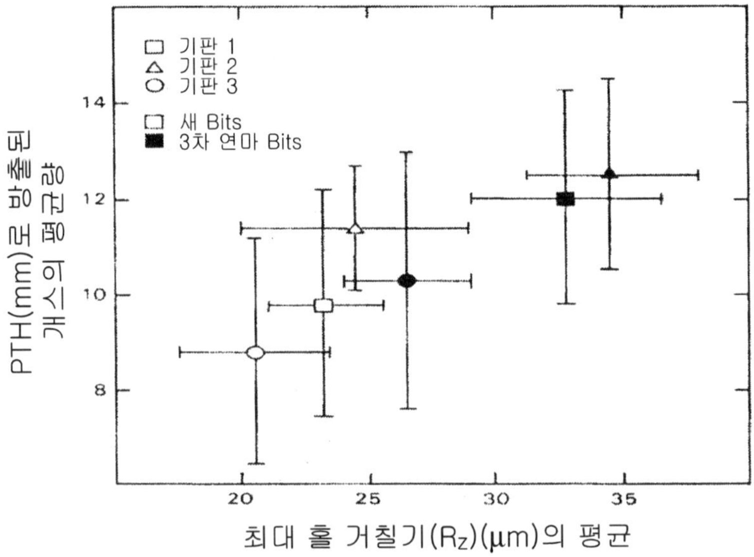


● 그림 2.17 PTH의 outgassing vs 홀 roughness

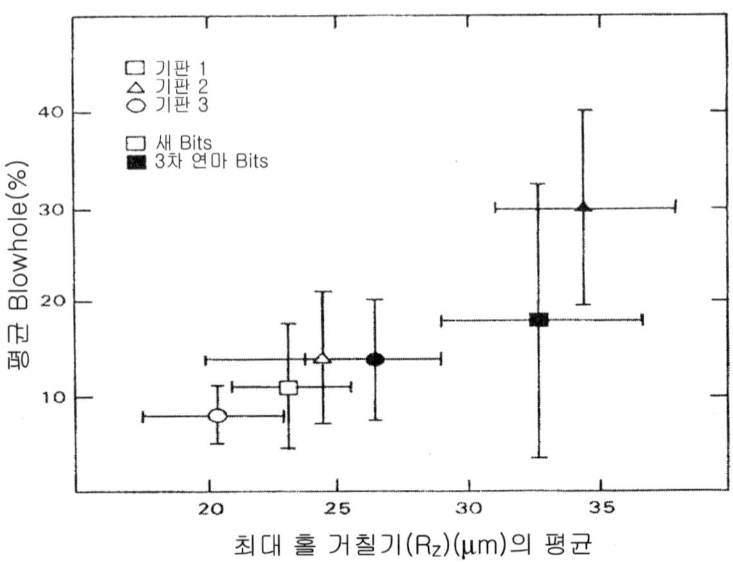


● 그림 2.18 Blow hole vs 홀 roughness

(그림 2.17) 과 (그림 2.18)에서 알 수 있듯이 홀의 roughness 에 의해 outgassing 이 증가하고 아울러 Blowhole 도 증가함을 알 수 있다.

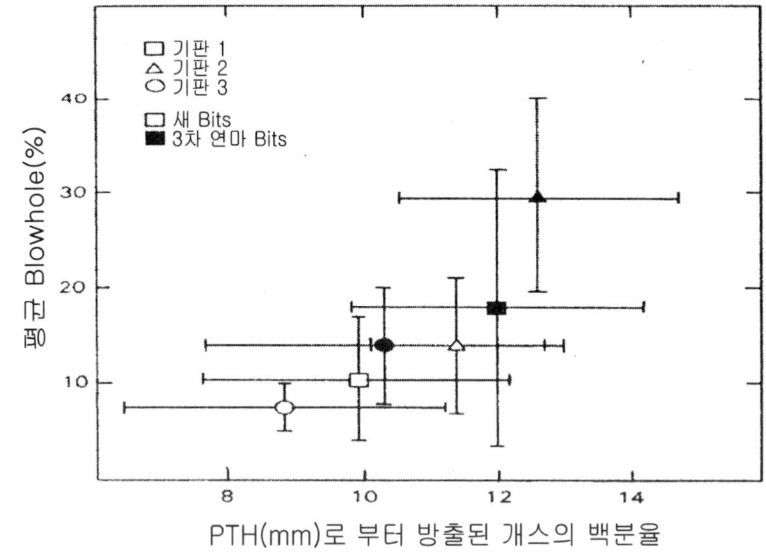


그림 2.19 Blowhole vs PTH의 outgassing

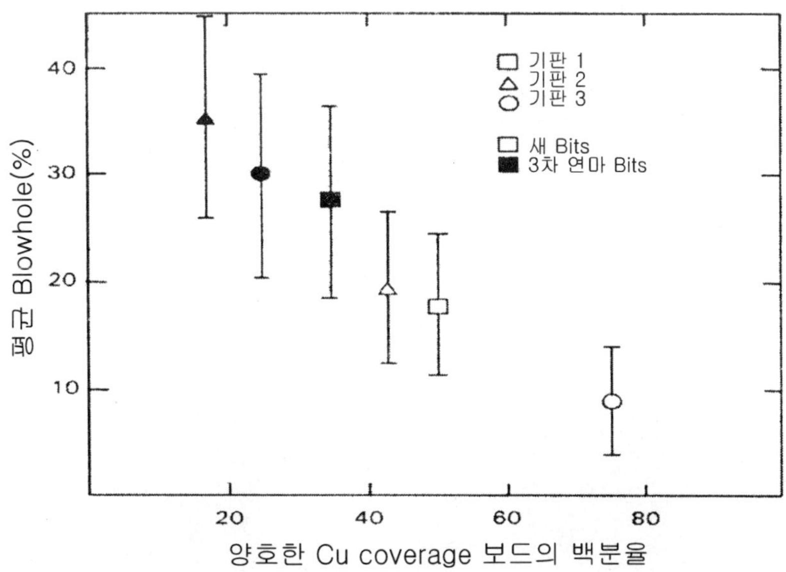


그림 2.20 Cu coverage vs Blow hole

(그림 2.20)에서 알 수 있듯이 Cu Coverage 가 좋으면 좋을수록 Blowhole 의 발생은 줄어드는 것을 알 수 있다.

## 2.3 hole wall 품질 향상을 위한 기술

### 2.3.1. small via hole의 품질 factor

1) Drill

rough Drill은 Glass fiber를 뜯고, 절연층과 Cu foil을 들뜨게 만든다. 또한, Cu foil과 resin의 들뜸이 일반적으로 MLB의 내층 oxide 와 pre-preg에서 발생하면서 acid의 침투로 pink ring을 발생시켜 wedge void 와 Blow hole을 발생시킨다.

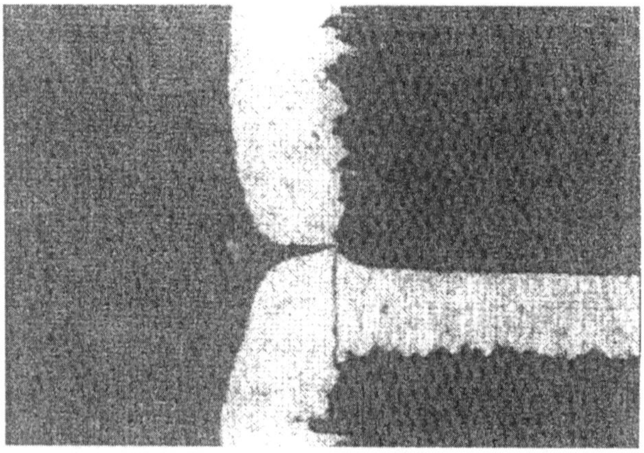

그림 2.21 Wedge Void

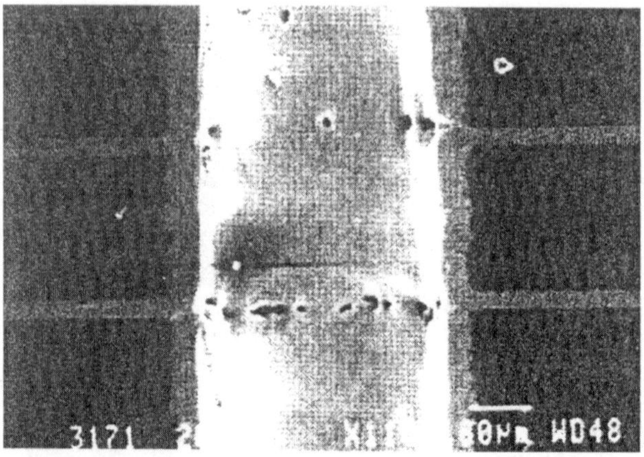

그림 2.22 Wedge Void 와 blow hole 이 동시에 발생된 홀

### 2) Dsemear

① hole Void 는 Desmear 후 거친 홀에 남는 resin 성분에 의해 발생하고, Smear 의 갇힌 액체에 의해 Blow hole 이 유발된다.

② resin smear 는 도금된 Cu에 crack 및 Void를 유발한다.

③ neutralization 과정에서 망간 잔유물의 완벽한 제거가 안될 경우에도 Void가 유발된다.

### 3) Catalyst

① cleaner / conditoner

glass fibers 위의 −전하를 +전하를 이용하여 중화시킨다.

conditioner 가 부적절시에 Catalyst의 부착 저하로 밀착력이 저하되고, 과도할 시 film 형성으로 Cu 밀착력의 저하 및 hole 벽의 pull away를 야기시킨다.

② Void 는 glass 위에 Cu의 밀착력이 약하거나, 없을 때 발생한다.

③ 기타 glass etching 이 불충분하거나 과도할 때, 과도한 resin etching, 불충분한 accelleration, Catalyst, 비활성화된 무전해욕 등이 원인이다.

### 4) 무전해 동도금

① P.T.H 중에 발생한 Air bubble (H2, O2gas)의 표집은 hole 중심에 air 포집으로 Void를 발생시킨다.

② air bubble 을 제거하기 위해 bumping & Vibrating 이 필요하다.

### 5) Resist Void

① Hole 가장자리 (Rim) Void

D/F 현상 공정에서 발생한 resist 가 hole 속을 flow 하면서 전기동, 솔다, Tin 도금에 방해를 미치면서 발생한다.

② 발생은 Resist를 Lamination 시에 hot air로 hole을 덮고 이어서 cooling 되면서 갇힌 air가 압력이 떨어지면서 압력차에 의해 resist 성분이 홀 속으로 침투한다.

이때, hole 속으로 침투하는 resist 양 및 깊이는 Lamination 전 홀 속 습기, Small hole, Lamination holding time 들이 factor 로써 작용한다.

③ T.H의 물은 resist의 Viscosity를 낮추어 flow을 용이하게 한다.

④ Small hole은 resist 가 남아 Dry 되어 제거가 더욱 어려워 지므로 Rim Void 방지책으로 표면 처리의 마지막의 Dry 를 보강할 필요가 있다.

### 6) Tenting

via hole Tenting 이 깨져 etchant 가 홀 속의 Cu를 용해하여 제거하여 Void를 발생시킨다.

### 7) Direct metalization

Pd base, Carbon / Graphite base, Conductive polymer Base의 D.M의 부적절로 발생한다.

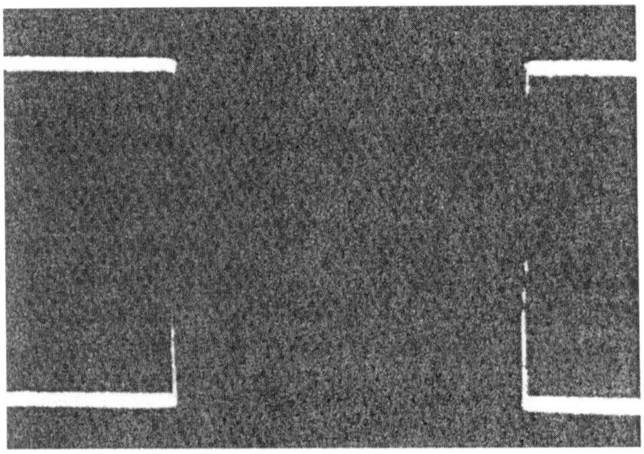

그림 2.23 Tenting 불량에 의한 Void 불량사진

※ 참고자료

1. TPCA 2001 Forum Proceedings, effect of copper foil and resin system properties on various bonding strength, M. Matsuda, 2001년
2. Circuit word Vol.15, No.1, a new allroach to Outgassing Study of Plated Through hole Printed Boards, M. Feldin, C. Zevnik and Kovac, 1988.
3. Printed Circuit fabrication asia Vol.4, No.4 assuring Conductivity... , Karl H. Dietg, G. Sidney. Cox, and William L. Wilson, July/Agust 1996.

CHAPTER 3

# 기타 PCB 제조기술

## 3.1 금형 Press 타발 기술

### 3.1.1 개요

Press 종류는 많으나 기계 프레스의 크랭크 프레스가 PCB 가공에 사용된다.
Press Punching 용량 산출은 다음식에 의해 된다.

- 기본식

{[2(x+y)+(hole수×3.14)] × 기판 두께 × 전단계수 × 안전율}/1,000

- 안전율: [일반 1.5, Push back 1.0]
- 전단계수: 예열온도에 따라 다소 차이 온도에 반비례
  (ex) FR-1(5.5) FR-4(12)
  CEM-1(7.5) CEM-3(7.5)
- (hole수×3.14): 총 hole 수에 대한 타발면적(전체 hole ø를 ø0.1로 간주)
- 2(x+y): 타발되는 제품 둘레(mm)

### 3.1.2 금형 Clearance에 따른 영향

– Clearance 란 금형에서 블랭킹 다이의 펀치와 다이 사이의 틈새를 말한다.
다음 그림에서 C를 나타낸다.

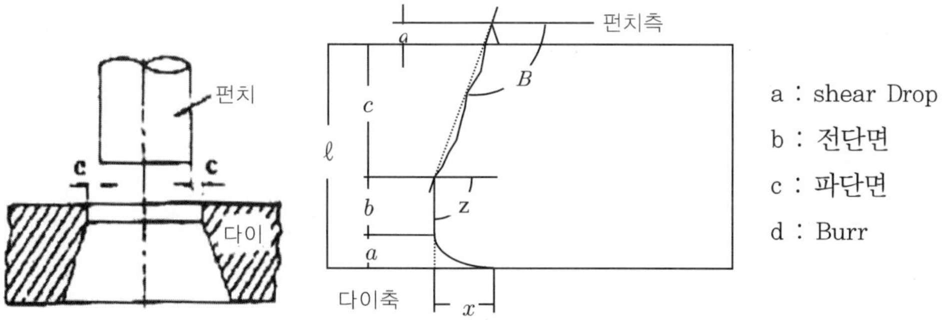


그림 3.1 Clearance

다음은 Clearance 불량을 설명하고 있다.

#### 1) Clearance가 너무 작을 경우

- 상·하 Crack이 어긋나서 그사이 가느다란 부분이 발생한다.
- 2차 전단면이 방생한다.
- shear Drop에 위해 뒤틀림이 줄고, Burr 발생 적다.

#### (2) Clearance가 작을 경우

- Crack 만남이 이루어진다.
- 약간의 Shear drop, 뒤틀림, Burr가 발생한다.
- 전단면, 파다면이 정상 상태를 보인다.

#### (3) Clearance가 적당할 경우

- Crack이 만나지 않으므로 섬유조직이 찢긴다.
- 전단면이 거칠고, 파다면, burr가 많이 발생한다.

#### (4) Clearance가 너무 클 경우

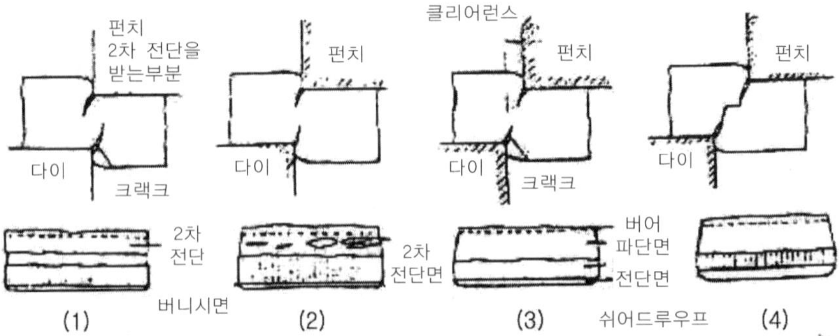


● 그림 3.2 Clearance 불량 모습

### 3.1.3 Shear drop 이란

– 전단 과정에서 재료가 굽힘 변형을 받고, 그 결과로 인장력을 받아 재료가 얇아지는 현상을 말한다.

– 연질재료, Clearance가 클때, 날 끝이 마모 되었을때 크게 나타난다.

### 3.1.4 타발 결함과 현상

금형 타발가공시 다음과 같은 결함이 나타날 수 있다.

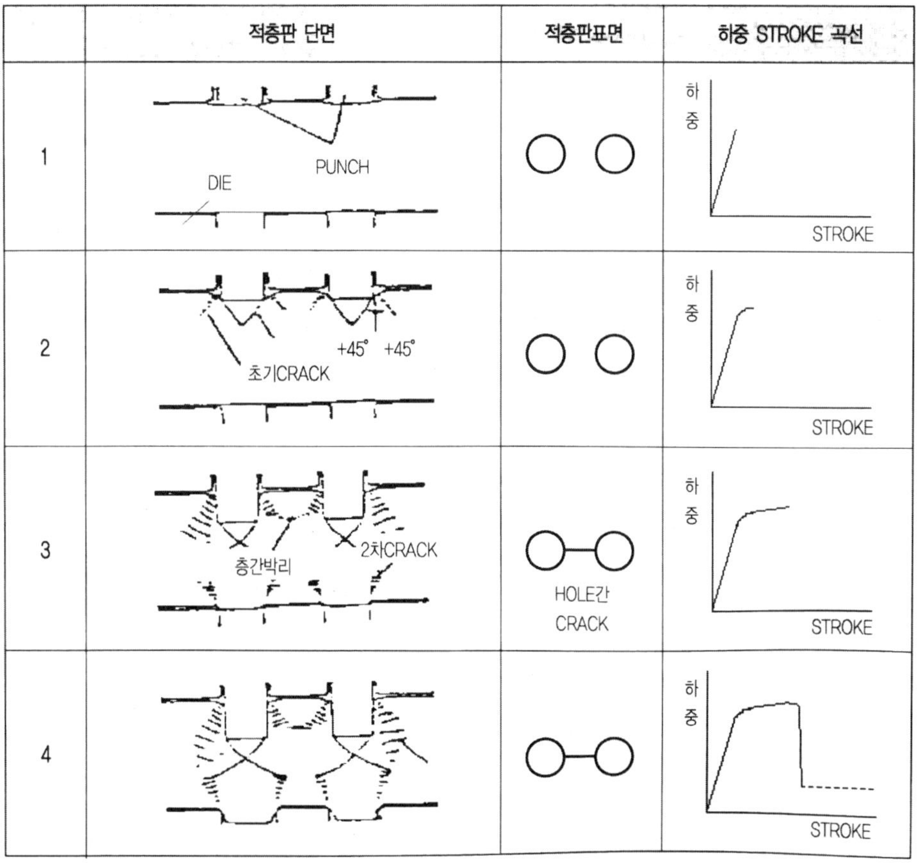


그림 3.3 타발 가공(결함발생과정)

### 3.1.5 타발 가공성과 재료물성

- 타발 가공성에서의 결함은 타발시 변형에 의해 발생한다.
  여기서, 타발시 변형이란 Crack등의 파단 발생을 의미한다.
- 판단이 잘 되지 않는 재료는 파단 energy량 (파단응력, 변형곡선의 면적)이 큰 재료를 말한다.
- 타발시 변형은 전단과정에서 발생하므로 타발 전단 energy량이 작을수록 전단되기 쉽다.
- 파단 energy량 (Vf)와 타발 전단 energy량 (Vs)은 밀접한 관련이 있다.
  즉, Vf/Vs 값이 클수록 Crack 발생이 적고 타발가공성이 양호하다.

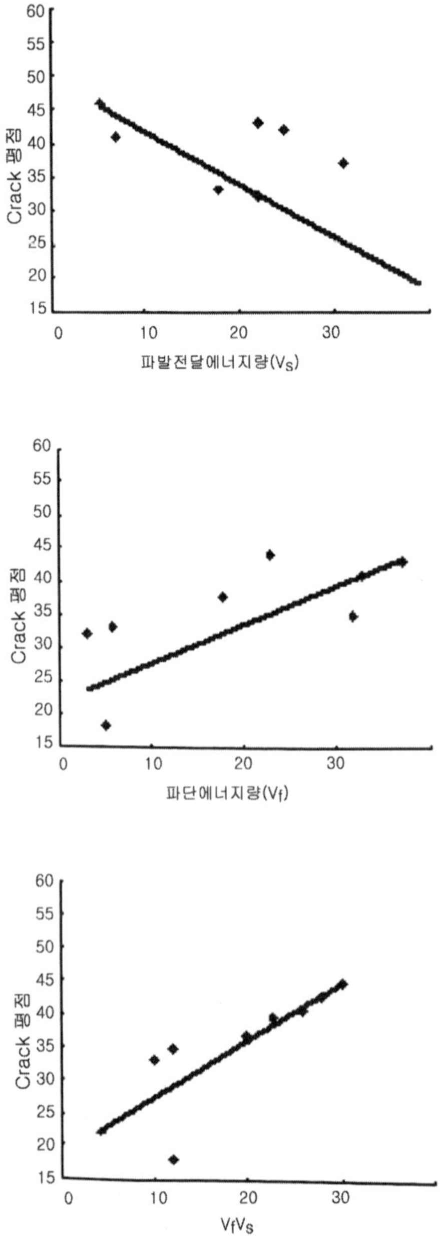


● 그림 3.4 파단 energy량(Vf)와 타발 전단 energy량(Vs)의 관계도

### 3.1.6 타발 가공성에 영향을 주는 요인 의 관계도

#### 1) 금형

SK강재, 실온가공용 금형은 표면 질화처리 가공을 하여야 한다.

① 타발 펀치단차의 영향

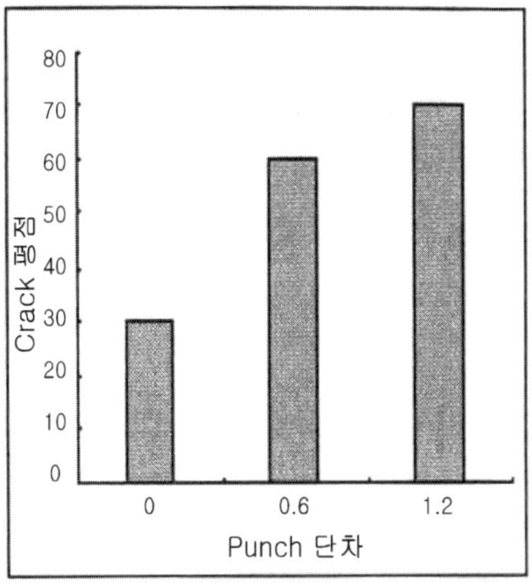


(조건) 종방향, 상사점 KNOCK OUT
Punch Dia $\phi$0.8
Clearance 0.1mm
타발속도 60spm
Holder력 2ton
Knock out력 18.5ton
타발시 온도 20°C

● 그림 3.5 타발 펀치단차 관계도

② Punch Dia 의 영향

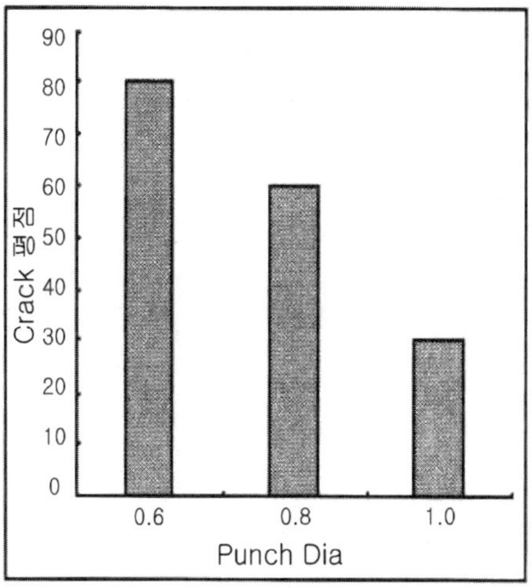


(조건) 상사점 KNOCK OUT
단차 0.6mm
Clearance 0.1mm
타발속도 60spm
Holder력 2ton
Knock out력 18.5ton
타발시 온도 20°C

● 그림 3.6 Punch Dia 관계도

③ Clearance 영향

Clearance 가 클수록 양호 하지만 Hole 형상에 문제가 생긴다.

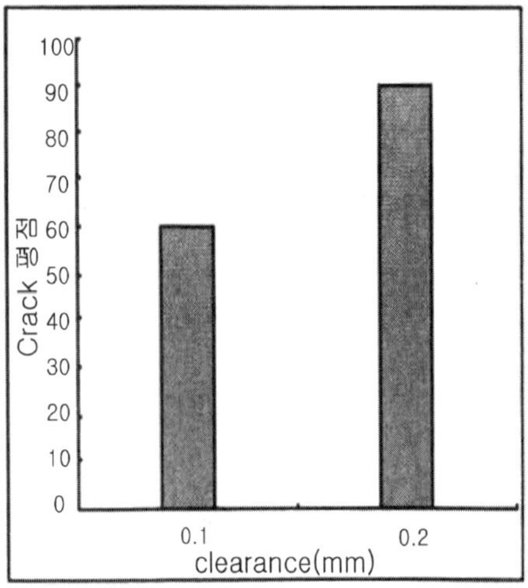


(조건) 종방향, 상사점 KNOCK OUT
단차 0.6mm
Punch Dia $\phi$0.8
타발속도 60spm
Holder력 2ton
Knock out력 18.5ton
타발시 온도 20°C

● 그림 3.7 Clearance 관계도

④ 기타 영향

Punch Guide 의 Clearance 가 클수록 Crack 평점이 낮다.

### 2) 타발 조건

저온 타발 경향이 일반적이고 110~150Ton이 주류이며, 200Ton 이상도 사용가능하다.

① Holder 력의 영향

- 유압 Press의 경우 기판에 Holder 력을 적용하는 것이 좋다.

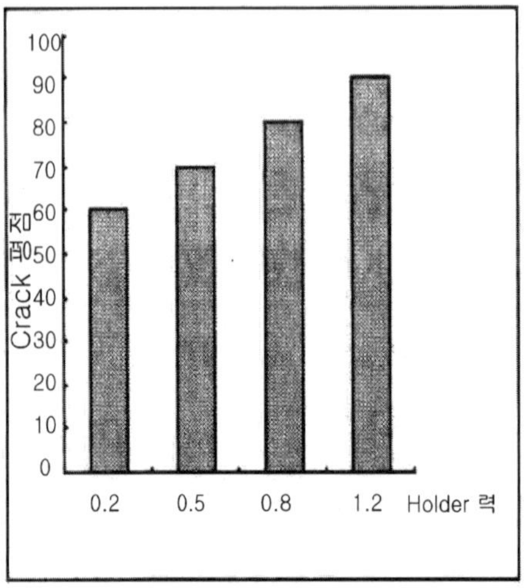


(조건) 종방향, 상사점 KNOCK OUT
단차 0.6mm
Punch Dia $\phi$0.8
Clearance 0.1mm
타발속도 60spm
Knock out력 18.5ton
타발시 온도 20°C

● 그림 3.8 Holder력 관계도

② Knock out력의 영향

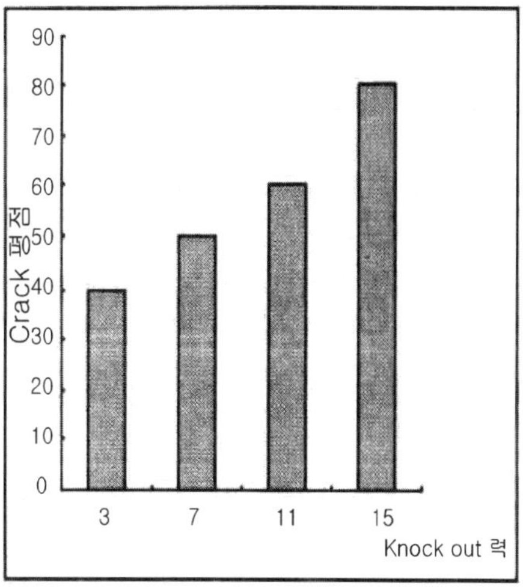


(조건) 상사점 KNOCK OUT
단차 0.6mm
Punch Dia $\phi 0.8$
Clearance 0.1mm
Holder력 2ton

● 그림 3.9 Knock out력 관계도

③ 타발속도 영향

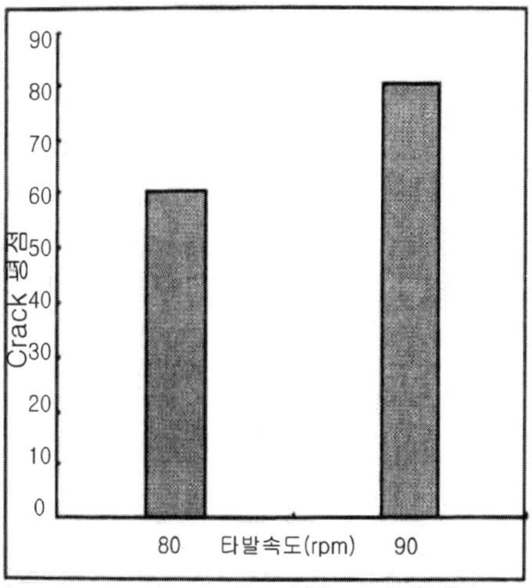


(조건) 종방향, 상사점 KNOCK OUT
단차 0.6mm
Punch Dia $\phi 0.8$
Clearance 0.1mm
Holder력 2ton
Knock out력 18.5ton
타발시 온도 20°C

● 그림 3.10 타발속도 관계도

④ 상사, 하사점 Knock out 와 Crack 평점

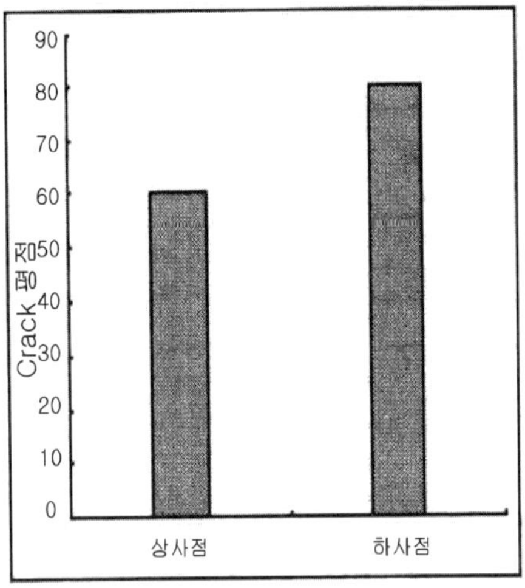


(조건) 종방향 KNOCK OUT
단차 0.6mm
Punch Dia $\phi$0.8
Clearance 0.1mm
Holder력 2ton
Knock out력 18.5ton
타발시 온도 20°C

● 그림 3.11 상사점, 하사점 Knock out 관계도

### 3) Pattern 설계

① 원재료 방향성의 영향

– 횡 방향이 Crack 평점 우수하므로 IC Hole 등의 설계는 횡 방향이 바람직하다.

② Land 의 영향

– Land가 있으면 Crack 평점이 우수하다.

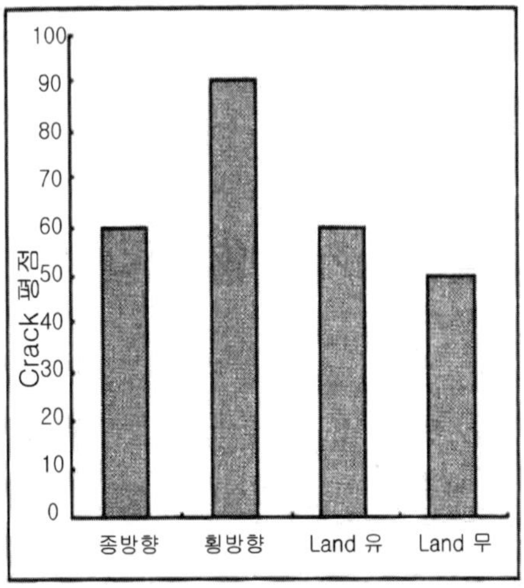


(조건) 상사점 KNOCK OUT
단차 0.6mm
Punch Dia $\phi$0.8
Clearance 0.1mm
Holder력 2ton
Knock out력 18.5ton
타발시 온도 20°C

● 그림 3.12 Land 관계도

### 3.1.7 목형

#### 1) 개요

합판, PVC 등을 톱기계나 스카시, Laser 등으로 Cutting 가공하여 그 사이에 칼을 심어 넣은 것을 말한다.

#### 2) 구조

지지대, 칼, Pin 으로 구성 된다.

① 칼 (Cutting Rules)

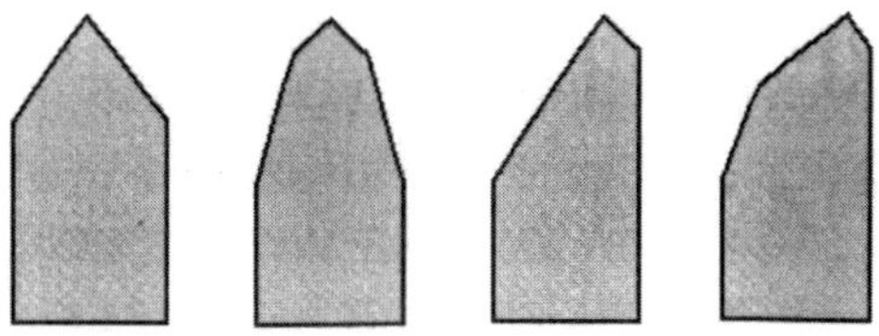


- 칼날두께 : 0.45 ~ 1.42mm
- 칼날높이 : 8 ~ 80mm
- 칼날각도 : 30 ~53°

● 그림 3.13 목형 칼의 종류

② Pin

- 일반 펀치는 Hole 가공에 사용된다.
- 스프링 펀치는 타발 후 칩이 펀치안에 남아 있는 것을 방지하기 위해 만들어진 펀치를 말한다.
- 가이트 핀은 목형이 열고 닫힐때 어긋남이 없도록 가동측과 고정측을 서로 안내하는 핀으로써 코어와 케비티 위치를 정확히 맞추기 위한 핀을 말한다.

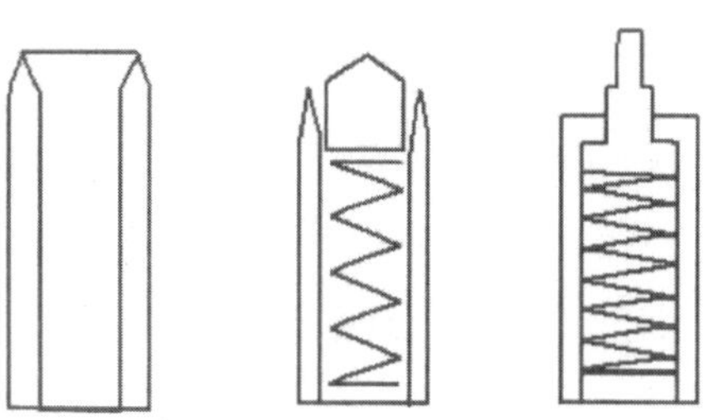


● 그림 3.14 Pin의 종류

### 3.1.8. 목형과 금형 비교

도표 1 | 목형, 금형비교도

| 구 분 | 목 형 | 금 형 |
|---|---|---|
| 재 질 | 합 판 | 열처리 금속 |
| PRESS | TOMSON PRESS | 크랭크 PRESS |
| 공 차 | 0.3mm ~ 0.5mm | ~ 0.5mm |
| 날두께 | 0.45mm 이상 | 0.1mm 이상 |
| 형 태 | 지지대에 원하는 LAY-OUT을 가공한 후 칼날을 삽입 | 원하는 LAY-OUT대로 금형을 본떠서 WIRE CUTTING으로 날을 세운다. |
| 수 명 | 1,500 ~ 2,000타 | 50만타 이상 연마가 가능하다. |

## 3.2 CNC 드릴 (air bearing Spindle)

### 3.2.1 bearing

bearing 에는 다음과 같이 구분된다.

- rolling bearing은 강철 Ball, roller 사용한다. Sliding bearing은 마찰계수가 낮은 재료의 윤활유를 사용한다. hydrolic bearing은 압축 기름을 사용한다. magnetic bearing은 자석의 반발력을 이용한다. air bearing은 압축 공기를 이용한다. 그리고 PCB 홀 가공용 CNC Drill 에는 air bearing을 사용한다.

#### 1) air bearing

- rolling bearing(구름 베어링)은 ball을 사용하고, 궤도면 진원도, 칫수 오차가 생겨 고속 회전시 진동 및 마찰열이 발생한다. 따라서, 유정압 베어링의 윤활유 대신 공기를 사용하는 공기 정압 베어링을 사용한다. 공기 점도가 기름, 물의 1/1,000 ~ 1/5,000 로 마찰열이 발생되지 않는다. 즉, rpm이 20만 이상, 공작기계가 3,000rpm일 경우 정밀도가 0.1㎛이하의 회전 정밀도를 얻을 수 있다. 공기 동압 베어링(aerodynamic bearing), 공기정압베어링(aerostaic bearing), 스퀴지 필름형 공기 베어링의 세가지로 나뉜다.

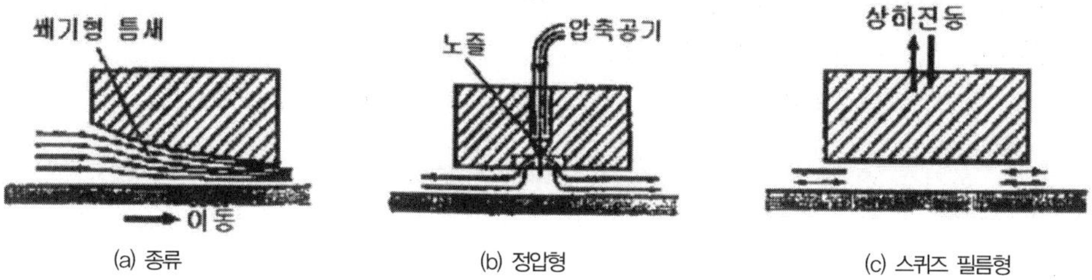


그림 3.15 air bearing 종류

① 공기동압 베어링

축이 회전하여 공기 부양력에 의해 축을 부상시키는 방식이다.

② 공기정압 베어링

노즐로 압축 공기를 공급하여 회전축을 부상시키는 방식이다.

③ air bearing 의 특징

- 열 특성이 매우 우수하고 초고속 회전이 가능하다.
- 진동 특성이 우수하다.
- 유압 베어링에 비하여 강성이 낮다
- 초고속(10,000 ~ 200,000 rpm), 초정밀 운전용도 있다.

### 3.2.2 공기 베어링 스핀들 (air bearing spindle)

스핀들(spindle)은 금속 가공, 실을 감는 등과 같이 특정 목적을 위해 물체를 회전시키는 장치를 말한다.

구성은 회전축과 베어링으로 되어있고, 구동하기 위한 풀리가 장착되어 있거나 직접 모터를 고정하는 방식으로 되어있다.

#### 1) spindle System의 개념

air spindle System의 구성은 다음과 같다.

| air Compressor(압축공기 제공) → 공기 건조기(압축공기 수분제거) → Filter(불순물제거) → 공급 공기 조절 밸브 〈공기압 공급 시스템〉 → spindle 구동 전원부 → 공기 베어링 스핀들 |
|---|

또한 spindle 모터, 베어링의 열을 제거 하기위한 Cooling System이 부착 되어 있고, 공구 자동 교환 장치가 딸린다.

실제 운전은 스핀들에 압축 공기가 공급되면 스핀들 회전축이 공기 베어링에 의해 부상하여 전원이 공급 되어 회전운동을 한다.

스핀들 구동 모터는 3상 유도 모터로 브러쉬 없는 DC 모터이다.

여기서, 회전수(N) = $\frac{120f}{p}$(rpm) (f: 교류전압 주파수, P: 극수) 로 계산된다.

### 3.2.3 air bearing

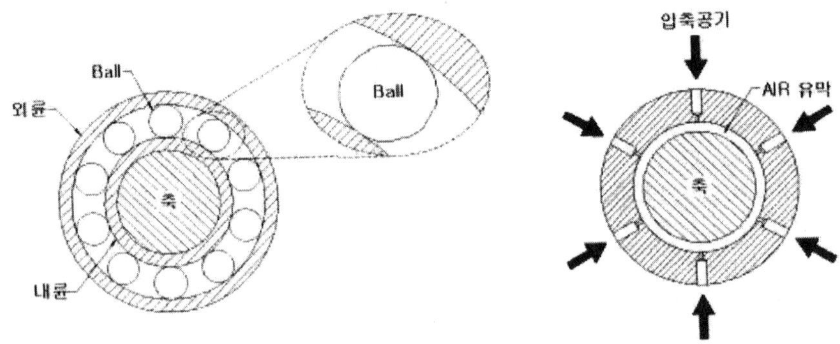


(ball bearing) (air bearing)

● 그림 3.16 air bearing 과 ball bearing

### 3.2.4 air bearing spindle

air bearing을 형성하여 주축을 초고속으로 회전시키는 유닛(unit)을 말한다.

#### 1) air

5.5 ~ 6.0Kg/㎠ 압력을 유지해야 하며 air 공급이 중단될 경우 spindle 고장의 원인이 된다.

#### 2) Cooling Water

air 마찰열에 의한 고열로 인한 열 팽창은 air bearing의 적절한 Gap 유지에 어려움이 생겨 회전, 강성에 문제를 야기 한다. 따라서 Cooling Water가 중요하다.(Scale 방지 목적으로 D.I수, V3 사용이 바람직하다.

#### 3) Inverter

spindle을 직접 Control 하는 unit이다(spindle 회전수를 관리한다).

#### 4) air filter unit

5㎛(1차)에서 0.2㎛(2차)로 여과하여 최상의 air를 공급한다.

노즐 $\phi$가 0.1 ~ 0.2mm, 주축과 베어링 간격은 5 ~ 10㎛으로 air 불순물 유무가 중요하다.

air 맥동은 공기 공급을 불안정하게 하여 베어링 강성에 영향을 끼쳐 Run - out 불량을 발생 시킨다.

#### 5) Dryer

유닛으로 수분을 건조하는 역할을 한다.

수분으로 인한 액적은 주축을 속하여 과부하 및 노즐 막힘을 발생시킨다.

#### 6) Oil Cooler

spindle의 온도 상승을 방지해 주는 oil 로써 oil Cooler를 이용한다.

### 3.2.5 air - bearing spindle의 주요구성품

#### 1) front radial bearing

주축의 앞 부분으로 air bearing을 형성하는 unit이다.

#### 2) rear radial bearing

주축의 뒷 부분으로 air bearing을 형성하는 unit 이다.

#### 3) Thrust bearing

주축의 축방향을 앞에서 잡아주는 air bearing 을 형성하는 unit 이다.

#### 4) Thrust plate

주축의 축 방향 간격을 고정시켜주는 unit이다.

#### 5) Shaft

주축을 말한다.

#### 6) collet

Drill bit를 잡아주는 unit으로 run-out 와 밀접한 관계가 있고, ATC(auto Tool Change)와 관련이 있다.

#### 7) Stator

Motor를 이루는 부품, 자기장을 형성시켜 Rotor를 회전시키는 unit이다.

#### 8) Rotor

Motor를 이루는 부품으로 Stator에 형성된 자기장에 의해 회전, 주축과 한 몸을 이룬다.

#### 9) Draw bar

ATC 에 관련된 unit로써 Collet를 밀어 ATC가 가능토록 한다.

### 3.2.6 air bearing spindle의 관리

#### 1) air의 관리

spindle 회전중 공급 안전, 오염물 유입 차단, Compressor 의 압력 체크, Filter의 주기적 교환이 중요하다.

#### 2) Cooling oil 관리

이물질의 유입을 차단하여야 한다.

#### 3) 전원의 관리

전원이 off 되면 spindle에 무리가 가므로 전원은 항상 on 상태로 유지한다.

#### 4) 충격

spindle의 변형을 초래한다.

#### 5) 처음 구동시

충분한 워밍업(30분 이상 air 만 주입하고 30분이상 공회전)이 필요하다.

#### 6) 적절한 가공 조건

무리한 조건의 가공을 금지한다.

#### 7) Collet 청소

Collet 분해 가능 여부 확인 하여 적절한 청소를 해 주어야 한다.

#### 8) Overhaul

주기적으로 Overhaul (분해수리)가 필요하다.

### 9) 환경

청결한 환경 유지가 필수이다.

## 3.3 Hole Plugging 재료 및 기술

### 3.3.1 Hole Plugging ink

Hole Plugging ink란 PCB의 hole를 어떤 목적에 의해 인쇄에 의해 메꾸어주는 ink를 말한다. 다음과 같은 PCB에 적용한다.

#### 1) HDI 적용

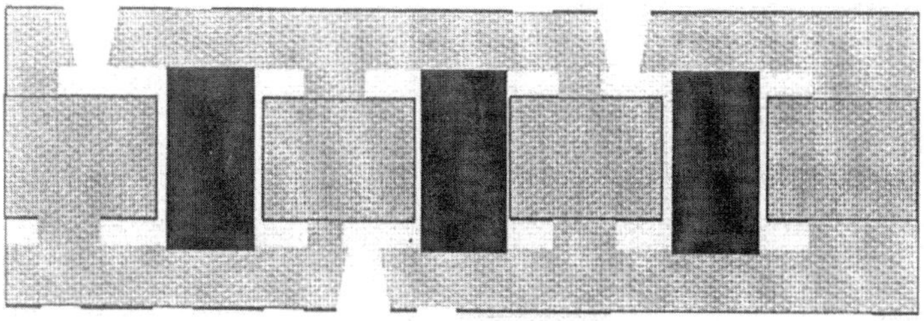

(사양)
보드두께 : 0.4~1.2mm
홀$\phi$ : 0.15~0.35mm

그림 3.17 HDI 적용 예

#### 2)Substrates 적용

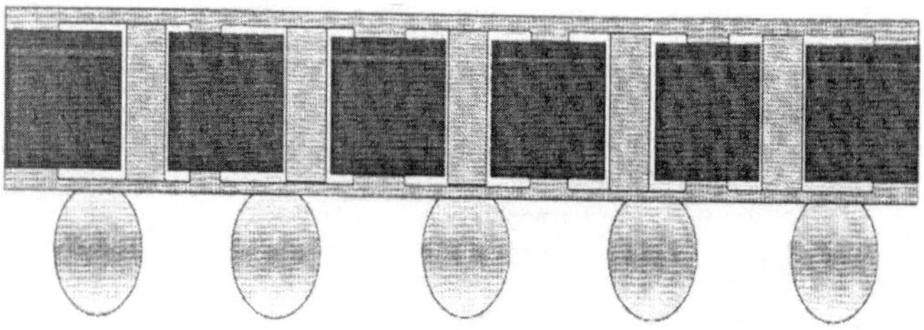

(사양)
보드두께 : 0.2~0.6mm
홀$\phi$ : 0.10~0.25mm

그림 3.18 IC substrate 적용 예(BGA)

### 3.3.2 영구 Hole Plugging ink의 종류

1) 2액형:수명이 3~6개월로 주제와 경화제로 나눈다.
2) 1액형:수명이 2개월 정도로 주제와 경화제가 혼합되어 있다.

### 3.3.3 Hole Plugging ink의 요구사항

1) TH의 plugging 인쇄 후 경화 후에 TH 내에 Void, Crack등이 발생하지 말아야 한다.
2) Curing(경화)시 수축으로 인한 dent가 발생하지 말아야 한다.
3) scrub(연마)성이 뛰어나야 한다.
4) 열 공정동안에 낮은 부피 팽창이 되어야 한다.
   :high Tg 이어야하고 Low CTE(열팽창 계수)를 갖추어야 한다.
5) Hole Plugging ink의 특성은 다음과 같다.
   - TH 내에 Curing후에 Void,Crack등이 발생되지 않는다.
     ;두꺼운 보드에도 적용이 가능하다.
   - Bump 형태 형성이 된다.
     ;Scrub(연마)가 용이하다.
   - High Tg
     ;160℃이상을 나타낸다.
   - 점도
     ;450PS 정도로 높다.
   - Solvent 함량(%)은 0.1%~3.0%로 다양하다.
   - Filler size(㎛)
     ;5.0㎛이하 이다.
   - CTE(ppm)
     ;∝1 /∝2:33~36/119정도이다.

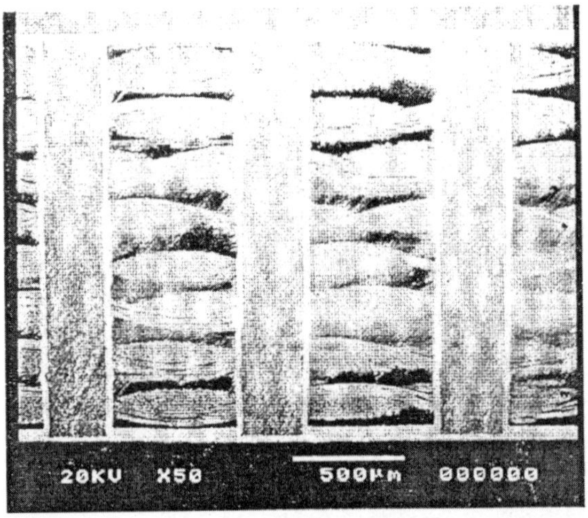


그림 3.19 Hole Plugging 모습(보드두께:1.6t, hole φ:0.3mm)

(정 상)　　(Void)　　(Crack)

그림 3.20 TH의 pre-curing(건조)후 cross section 모습 (보드두께:1.6t,hole $\phi$:0.3mm)

### 3.3.4 PTH의 plugging 성능 향상 원리

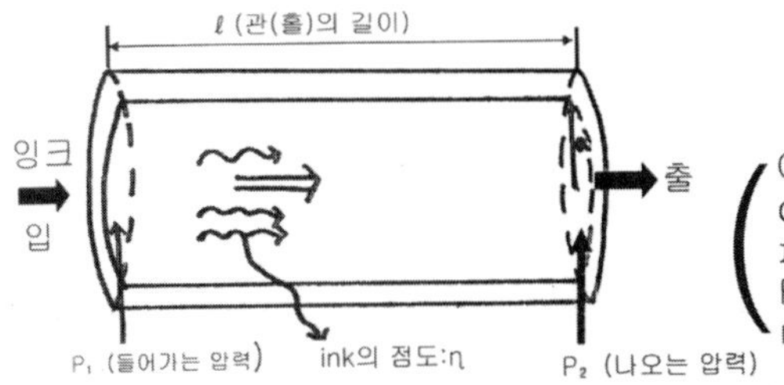


$$Q = \frac{\pi \alpha^4}{8} \cdot \frac{P_1 - P_2}{\eta \ell}$$

Q ; 단위시간에 흐르는 유체(ink)량
α ; 관(홀)의 반경
π ; 3.14
$P_1 - P_2$ ; 관(홀)의 양단의압력차
η ; 점도(ink)

그림 3.21 하겐-보아즈 이유의 법칙 설명도

위 그림에서 알수 있듯이 Hole Plugging 인쇄를 향상하기 위해서는 hole $\phi$는 크게하고 인쇄시 진공적용,ink 점도는 낮게, PCB 두께는 얇게 하는 것이 Key Point 이다.

#### 2)ink의 요구

① Filler의 Small 화가 필요하다.(충진제)

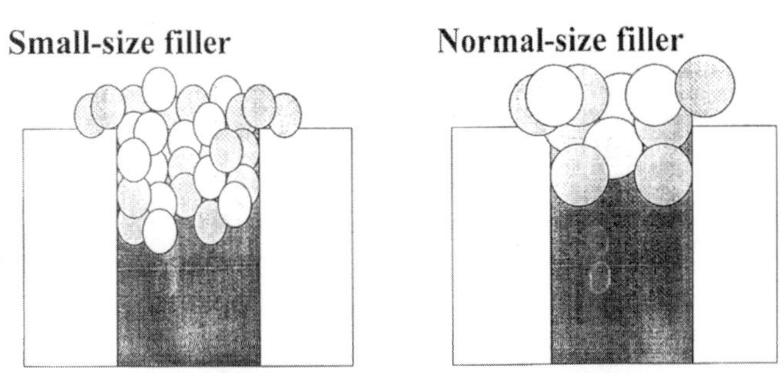


그림 3.22 잉크내의 filler의 영향

② Viscosity를 동시에 낮추어야 한다(점도).

### 3.3.5 Hole plugging process

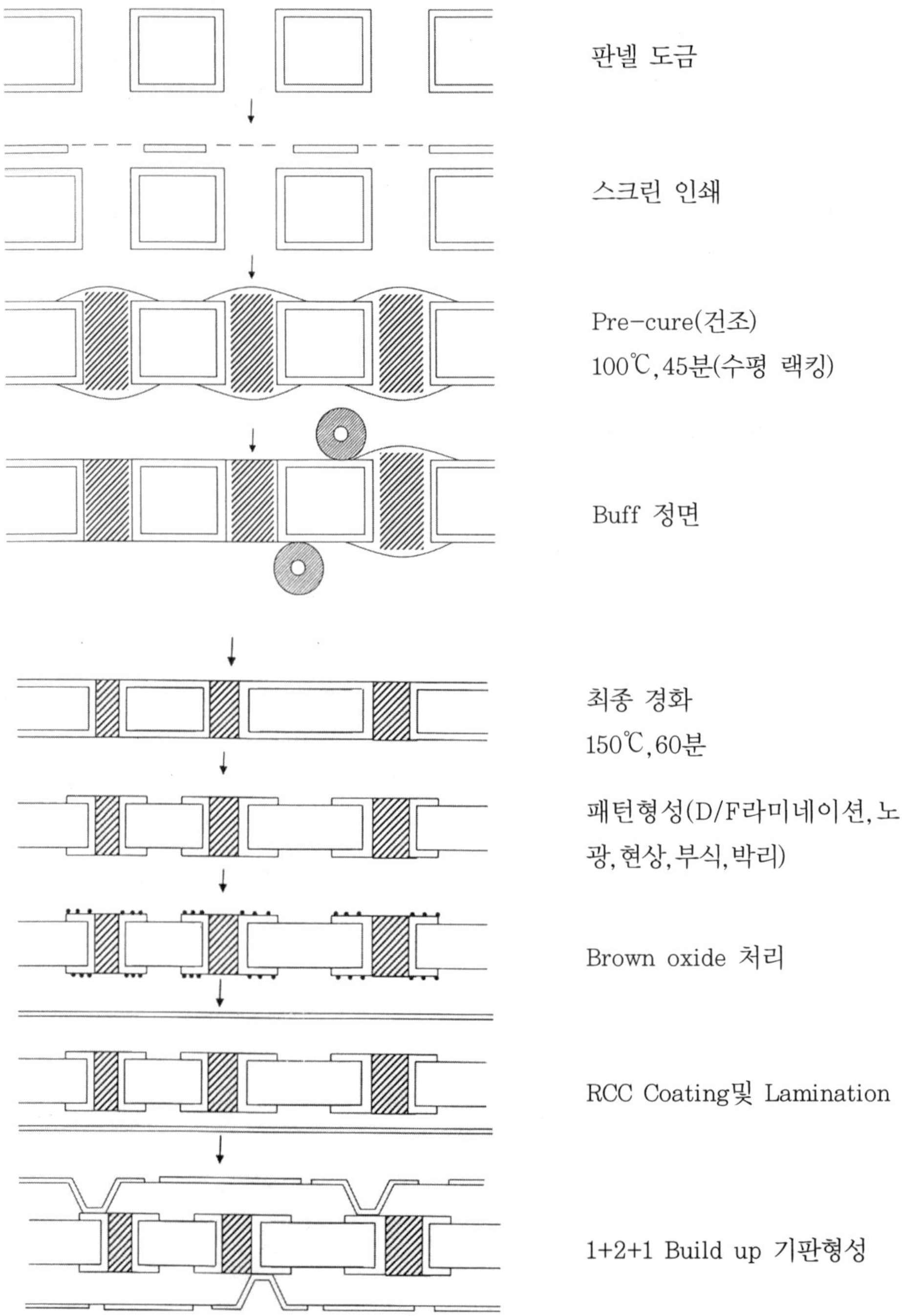


그림 3.23 Hole plugging process

### 3.3.6 New hole plugging process

1) process

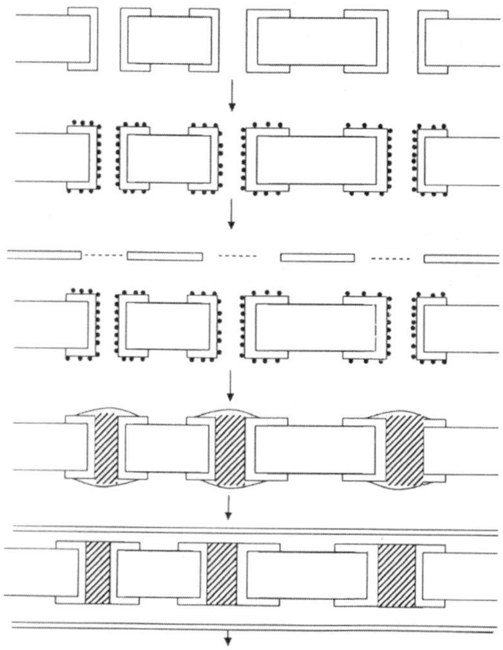

패턴 형성(D/F노광, 현상, 부식, 박리)

Brow oxide 처리

스크린 인쇄

Pre-cure(건조)80℃, 20분

RCC Coating 및 Lamination

1+2+1 Build up 기판형성

● 그림 3.24 New hole plugging process(ANAP-200시리즈)

2) 특성

① 일반 hole plugging 방식은 hole plugging 인쇄 및 건조 후 Scrubbing 없이 Press 시 Void 및 절연층 두께 문제가 발생한다.

인쇄 후

Press 후

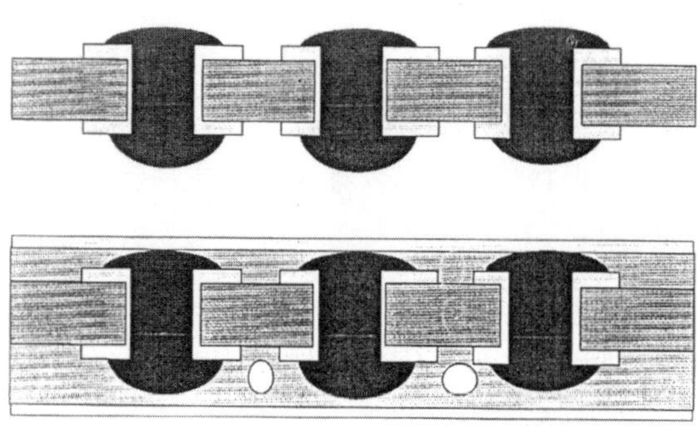

불량

● 그림 3.25 일반 Hole plugging 방식에서 불량 발생 경우

② 일반 Hole plugging 방식은 Hole plugging 량이 적어 Void및 Crack이 발생하는 경우도 있다.

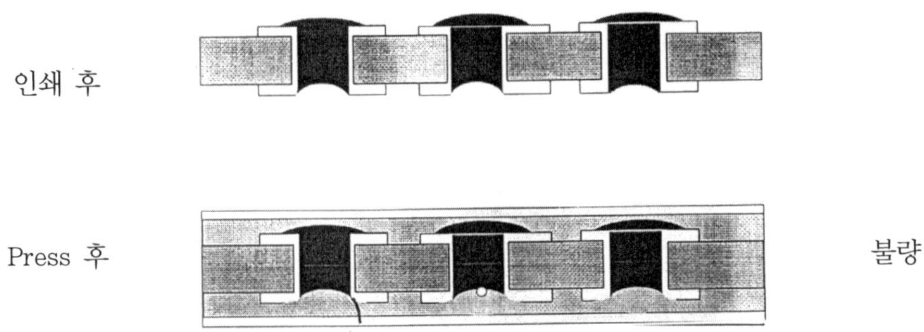


● 그림 3.26 일반 hole plugging 방식에서 불량 발생 경우

③ New hole plugging은 hole plugging 인쇄/건조 후 Scrubbing 없이 Press 후에도 품질 문제 없이 양호한 결과를 나타낸다.

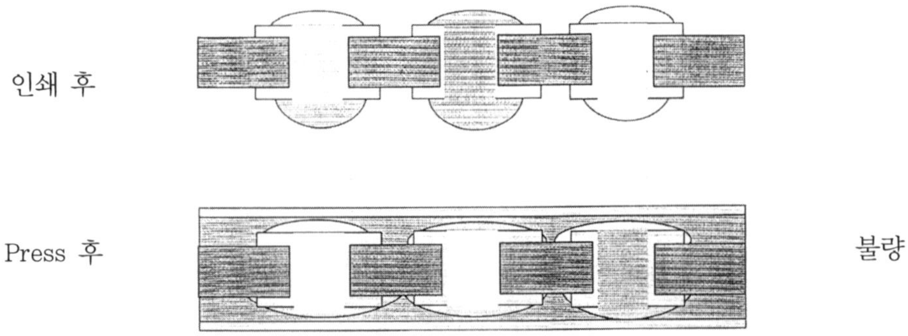


● 그림 3.27 New hole plugging 방식의 적층 후 모습

### 3.3.7 Hole Plugging 인쇄 작업 조건

1) Plugging ink 2액형 및 1액형 : 모두에 적용된다.

2) Process는 다음과 같다.

① 정면은 산처리 → 수세 → 정면 → 수세 → 건조로 이루어진다.

② 인쇄는 Screen 인쇄(반자동 인쇄기)가 적용된다.

③ 건조는 ink 건조 조건데로 처리한다.

④ 경화는 일반적으로 처리한다.

3) 작업조건은 다음과 같다.

① ink Mixing은 충분히 mixing 하며 원심 분리기로 기포 발생을 방지 하여야 한다.
② 스퀴지 사양은 다음과 같다.

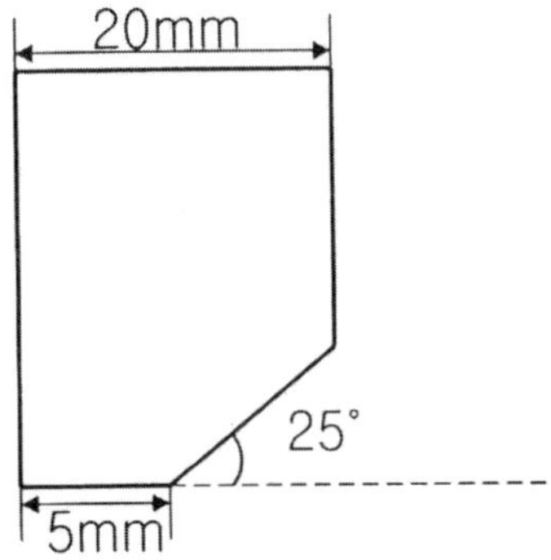


(사양)
- 두께 : 20mm
- 경도 : 70도
- 각도 : 25°

● 그림 3.28 Hole Plugging용 스퀴지 모습

③ 인쇄 조건은 다음과 같다.
- 스크린 Mesh 는 100mesh를 사용하여 ink가 잘 빠지도록 한다.
- 유제 두께는 50㎛으로 한다.
- PCB Hole $\phi$가 $\phi$0.3일 경우, 스크린 Hole $\phi$를 $\phi$0.6 으로 하여 Clearance를 0.3mm를 주어서 스크린 인쇄시 편심에 대응한다.
- 스퀴지 각도는 75°를 유지한다.
- 스퀴지 인압은 60Kgf/㎠로 인가한다.
- 인쇄 속도는 3.0㎝/SEC로 부여한다.
- 스크린 프레임의 off-contact은 10mm로 조정, Setting 하여 인쇄한다.

※ 참고자료

1. KPCA magazine, 최근 PCB 금형기술 1, 2, 2, (주) 코스모텍 김태완 연구소장, 2004. 9. 10. 11월호
2. KPCA magazine, CNC-Drill의 air bearing Spindle 구조와 이해, (주) 예원테크 원찬희 대표이사. 2004. 5. 7월호
3. Taiyo, 기술자료 2006년

## 저자약력

**김형록**

1989년 인하대 물리학과 졸업
1989~1996년 (주)한일써키트 기술부 근무
1997~1998년 영익무역(주) 기술영업팀장
1999~2000년 주양전자(주) 기술부장
2005년 청운대학원 공학석사학위 취득
2001~현재 혜전대학 디지털 전자디자인과 교수


정가 10,000원

**PCB 신 공법**

2009년 2월 17일 초판 인쇄
2009년 2월 27일 초판 발행
저 자 : 김형록
발행자 : 우명찬·송 준
발행처 : 홍릉과학출판사
주 소 : 서울시 강북구 수유5동 455-60
142-885
등 록 : 1976년 10월 21일 제5-66호
전 화 : (02) 999-2274, 996-8341, 903-7037
팩 스 : (02) 905-6729
ISBN : 9788972837275
e-mail: hongpub@hongpub.co.kr
http://www.hongpub.co.kr